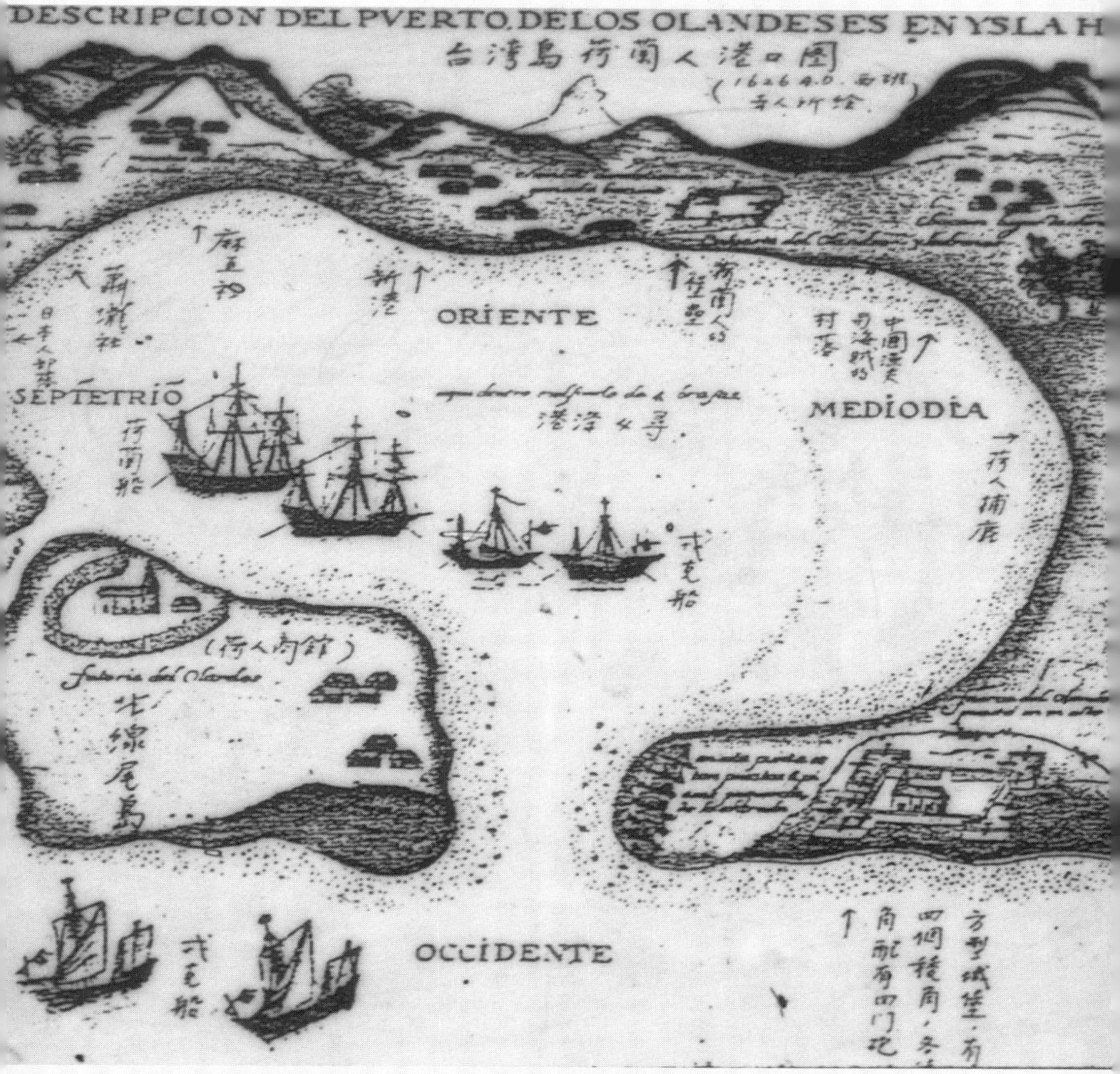
DESCRIPCION DEL PVERTO DELOS OLANDESES EN YSLA H
台湾島荷蘭人港口圖
ORIENTE
SEPTETRIO
MEDIODIA
OCCIDENTE
荷蘭船
戎克船
(荷人商館)
戎克船

監修者――木村靖二／岸本美緒／小松久男／佐藤次高

［カバー表写真］
鄭成功像
（台南市延平郡王祠）

［カバー裏写真］
台南駅，駅前に立つ鄭成功像

［扉写真］
赤崁楼にある17世紀の台南付近の古図
（1626年）

世界史リブレット人42

鄭成功

南海を支配した一族

Nara Shūichi
奈良修一

目次

延平郡王祀（台湾台南市）に祀られている鄭成功の像

南海を支配した一族

国姓爺《こくせんや》鄭成功《ていせいこう》（一六二四〜六二）は、近松門左衛門（一六五三〜一七二五）の戯曲「国性爺合戦《こくせんやかっせん》」で日本でも有名な人物である。漢人を父とし、日本人を母にもつ鄭成功は、明のために最後まで忠義をつくした人物として、また、台湾からヨーロッパ勢力を追いはらった人物として知られており、中国・台湾・日本各国で英雄としてたたえられているめずらしい人物といってよい。

彼の活躍した十七世紀の東アジアは、激動の時代ともいえる。十六世紀には倭寇による密貿易がさかんにおこなわれ、一五六七（隆慶元）年、明初以来の海禁政策が解除されたのちは対外貿易が順調に発展した。それとともに、華人商人だけでなく、日本・オランダなどの商人が活躍するようになった。そこで勢力を伸ばしてきたのが海商である。海商は単なる商人ではなく、自分たちの身を守るために武装をしていたから、海賊にもなりえた。彼らは海の活動だけに特化しているわけでなく、各地域の共同体、家族共同体を背景に交易活動全般に従事しており、さらに利益を上げるために朝廷などの官僚と結びついていた。

鄭成功の父鄭芝龍《ていしりゅう》は、その海商の代表者であり、海商たちのなかでも最高の地位と爵位を与えられた人物である。その息子の鄭成功は、父の海商グループを引き継ぎながら清朝に対峙し続け、オランダ勢力に勝利したことで、海上の覇権を握ったのである。

しかし、鄭成功なきあとの鄭氏一族の活動や、台湾の発展については、日本ではあまり知られていないように思われる。台湾の発展の陰には、鄭成功の息子鄭経《ていけい》と、その参謀である陳永華《ちんえいか》の活躍があったことを忘れてはならない。そして鄭氏政権が滅びたのは、鄭経の息子鄭克塽《ていこくそう》の時代であり、この鄭家四代の歴史は、そのまま、東アジア激動の歴史といってもよい。本書では、鄭成功を中心とする鄭家一族の活動をみていきたい。

①—明代の状況

明代前期

一三六八年に、洪武帝(在位一三六八〜九八)が明朝を開いたとき、対外関係でまず問題となったのは倭寇(十四世紀倭寇、前期倭寇)であった。十四世紀、北九州などを中心とする海の民が、朝鮮半島から山東半島にかけて、海賊行為を続けていたからである。この問題解決のために、明は日本に遣いを送っている。時同じくして、足利義満▲が室町幕府の将軍となり、明の依頼に応じて倭寇の取り締まりをおこなっている。洪武帝は伝統的な中華帝国を理想とし、明朝成立以前の宿敵張士誠《ちょうしせい》▲が蘇州の商人の支援のもと、勢力を拡大したこともあって、商業とくに海外貿易の振興にかなり否定的な立場をとっていた。

海外貿易は唐代より市舶司《しはくし》▲が統制しており、明も最初はそれにならって、一三七〇(洪武三)年に明州・泉州・広州の三市舶司を開設したが、翌年に海禁令を発布し、七四年には市舶司を閉鎖している。この海禁政策と日本の室町幕府の統制により、十四世紀に活動した倭寇の跳梁はとだえることとなった。

▼**足利義満**(在任一三六八〜九四)　室町幕府の第三代将軍で、南北朝の争いをおさめ、明と国交を開いて日明貿易を始めた。

▼**張士誠**(一三二一〜六七)　元末の群雄の一人。一三六七年、朱元璋と争い、敗れて自殺した。

▼**市舶司**　唐代から明代にかけて存在した、海上貿易などをつかさどる役所。

甥の建文帝（在位一三九八〜一四〇二）を靖難の変（一三九九〜一四〇二年）で追い落として第三代皇帝として即位した永楽帝（在位一四〇二〜二四）は、父の洪武帝の政策を踏襲したというよりも、鄭和《ていわ》▲の派遣に代表されるように、積極的に海外との関係を拡大していく政策を採用した。十三世紀、ユーラシア大陸の大部分を領土にしたモンゴル帝国は、三％の商業税とパイザによる通行の保証により、交易をさかんにしている。永楽帝は、海禁政策をとりながらも、朝貢体制を拡大する方針をとっている点は、伝統的な中華王朝の発想というよりも、モンゴル帝国の方針を引き継いだとみなすほうがよいであろう。

　十五世紀は、明を中心とした朝貢体制が機能した海上交易の安定期とみることができよう。この状況下で、貿易の利益を上げたのが琉球王国である。琉球は明朝成立時に中山王国が島を統一し、明から冊封されているが、明の朝貢国のなかで朝貢回数▲がもっとも多い。民間貿易が認められていないため、朝貢国である琉球の船だけが大量の明の下賜品を扱うことができ、それを日本や東南アジア各国に転売できた。また、転売先でその土地の産物を求め、さらに琉球の産物をもって明に朝貢するのである。この三角貿易で琉球は多大な利益をえ

▼鄭和（一三七一〜一四三三）　雲南省出身の宦官。艦隊を率いるまでの彼の生涯は明らかではない。永楽帝の命により彼の艦隊は三〇年間に七回の航海にでている。永楽帝が鄭和を派遣するにいたった理由は、靖難の変で行方不明になった甥の建文帝を捜すためなど、さまざまに語られているが、モンゴル帝国に劣らない世界帝国建国のためには、海外の多くの国が明に朝貢すべきと考えたからとみるほうがよいであろう。

▼琉球王国の朝貢回数　他の国が数年に一回の朝貢しか認められていないのに対し、一四七〇年代までは、一年に一貢、その後は二年に一貢であったために、明代に一七一回朝貢している。ちなみに二番目の安南（現在のベトナム）は八九回であり、日本は一九回で一三番目である。

●十七世紀のアジア

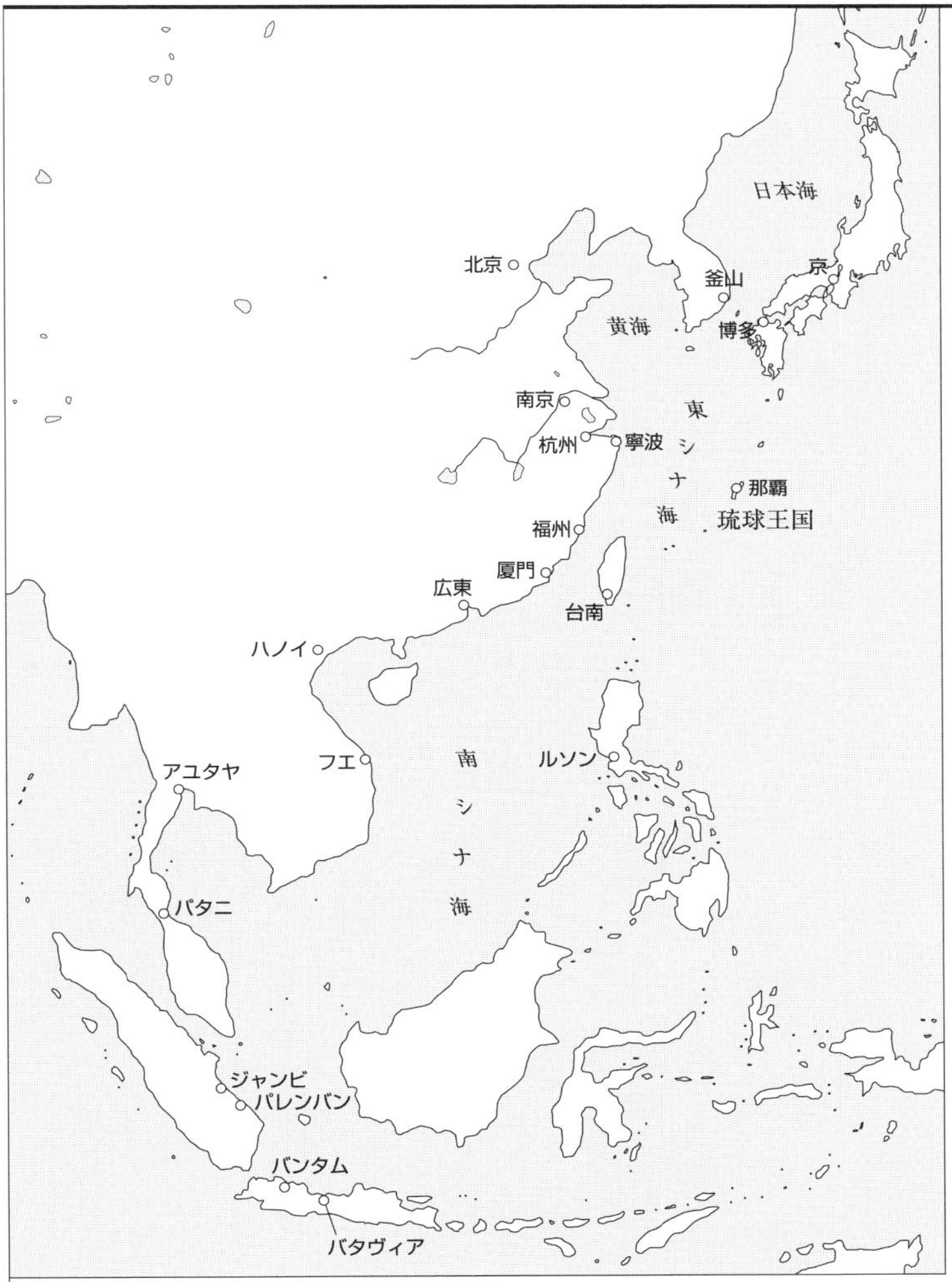
日本海
北京
釜山
京
黄海
博多
南京
東シナ海
杭州
寧波
那覇
琉球王国
福州
厦門
広東
台南
ハノイ
南シナ海
フエ
ルソン
アユタヤ
パタニ
ジャンビ
パレンバン
バンタム
バタヴィア

たのである。

十六世紀以降の状況

元末の動乱で衰退していた経済も、十五世紀の永楽帝からその後継者の時代になると発展した。十六世紀になると蘇州を中心とした江南の地域の経済が発展し、「資本主義の萌芽」ともいわれる現象が出現した。絹織物産業がさかんであった蘇州では、織物職人に近代の賃金労働者と同様な状況が出現したのである。腕の良い職人には高い給料がはらわれるようになり、さらには引き抜きもおこなわれた。

この時代になると銀経済がかなり発展したが、当時の中国の銀鉱山はほとんど枯渇してしまっていた。当時、多くの銀を産出していたのは、南米のポトシ銀山と日本であった。つまり明は、海外貿易をおこなわなければ銀が手にはいらない状況となっていたのである。しかし、一五二三年の寧波《ニンポー》の乱▲以降、四〇年まで日本からの遣明船は派遣されず、日明間の正規の銀貿易は制限されてしまったのである。しかし、経済活動のためには銀が必要だった。それゆえ密貿

▼寧波の乱　室町幕府のもと、勘合貿易の利権をめぐって対立していた大内氏と細川氏が寧波港で武力衝突し、挙げ句のはてに明の役人を殺害したため外交問題となった。

▼郷紳　地方に影響力をもつ官僚的地位についている人々のこと。多くは、科挙試験でえられる生員などの肩書をもっている。中華帝国においては、秦の始皇帝以来、統一王朝が維持されてきているが、中央政府の統治が隅々までにいきわたっているというよりも、地方は、郷紳を頂点とする共同体によっていとなまれており、その郷紳を組織するかたちで王朝が維持されてきた。逆をいえば、郷紳を頂点とする共同体をいかにコントロールできるかが王朝の支配力であった。

▼朱紈（一四九四〜一五四九）　字《あざな》を子純といい、蘇州長洲県（現在の江蘇

易がさかんとなるのは必然であった。これが「十六世紀倭寇」と呼ばれるものである。十四世紀の前期倭寇は、日本人が中心であったが、この十六世紀の後期倭寇は、『明史』にもあるとおり、「真の倭は、一〇人のうち二〜三人」であり、大半は、浙江省や福建省の人であった。さらに、土地の郷紳《きょうしん》▲たちもこれに関係していた。

この倭寇の取り締まりにあたった朱紈《しゅがん》▲は、結局任をはたせなかった。彼の上奏文には「外国の盗賊を取り除くのは簡単でも、中国の盗賊を取り除くのは難しい。中国の海岸にいる盗賊を取り締まるのはまだやさしいが、衣冠の盗賊（悪い官僚）を取り除くのは大変難しい」（『明史』）と記されている。倭寇が単なる海賊ではなく、郷紳を中心とする土地の共同体によっておこなわれていた密貿易であったことがわかる。

次に取り締まりにあたったのは胡宗憲《こそうけん》▲で、彼は平戸を拠点としている倭寇の頭目の王直《おうちょく》▲と交渉し、明に降伏するかたちにして海禁政策をゆるめようとしたが（一五五七年）、宮廷の動きからそれもかなわず、結局王直を死刑に処せざるをえなかった。そのため、彼の倭寇の取り締まりも失敗に終わった。そのあと、

省）の出身。一五二一年に進士となる。景州知州に始まり諸官を歴任し、四七年浙江巡撫に任じられ、倭寇を取り締まる。しかし密貿易に加わっていた沿海地方の有力者に敵視され、弾劾されたため、それに抗議して毒をあおいで自殺した。

▼**胡宗憲**（一五一二?〜六五）　字を汝貞といい、徽州府績渓県（現在の安徽省績渓県）の出身。一五三八年科挙に合格して山東益都知県となり、その後、御史などを歴任した。浙直総督となり、倭寇対策に乗り出す。倭寇の頭目である徐海を処刑し、王直を投降させた。この功績により太子太保になったが、後ろ盾であった厳嵩父子の失脚により、弾劾され、最後は獄中で自殺した。

▼**王直**（?〜一五五九）　徽州府歙県（現在の安徽省歙県）の出身。倭寇の頭目として有名。号は五峰。種子島にポルトガル人が漂着したときの船にも乗っていたと考えられている。

▼兪大猷（一五〇三〜七九）　福建省晋江の出身。字は志輔。倭寇討伐で名をあげた。

▼戚継光（一五二八〜八八）　山東省蓬莱県の出身。字は元敬。兪大猷とともに倭寇討伐で有名。『紀効新書』などの兵書を著している。

兪大猷《ゆたいゆう》▲、戚継光《せきけいこう》▲による討伐がおこなわれたが、根本的に倭寇が終了したのは一五六七（隆慶元）年、海禁令が解除されてからである。

こののち、民間人も日本以外の海外貿易に赴くことが許されるようになった。そのうえで、船の大きさや、貿易品の種類や量に応じて税金がかけられるようになり、華人海商が活躍する時代が到来した。郷紳を中心とした共同体が貿易を担うという基本的な構図は、後期倭寇の時代と大きくは変わっていない。さらにこの時期には、東シナ海の住人だけでなく、ポルトガル・スペイン・イギリス・オランダの商人たちもこの地域の貿易に参加しはじめたのである。

ヨーロッパの状況

スペイン・ポルトガルは、十五世紀にイスラーム勢力をイベリア半島から追い出して大西洋航路に乗り出してきた。スペインはアメリカ大陸を中心に活動し、ポルトガルはアフリカ西岸からインド洋にその活動領域を広げた。

また、この時期のヨーロッパは宗教戦争の時代でもあり、スペイン・ポルトガルの活動には、貿易だけでなくカトリックの布教という目的もあったことを忘れてはならない。これに対し、プロテスタントのイギリス・オランダも遅れて海上活動を始めている。オランダは一五六八年からスペイン＝ハプスブルグ家に対する独立戦争を起こしている。これにはカトリックとプロテスタントとの宗教戦争という面もあった。カトリック勢力に対抗するため海上貿易にも力をそそぎ、いくつかの貿易会社がつくられている。しかし、同国内にいくつもの貿易会社があることは共倒れになる危険が生じるため、オルデンバルネフェルト▲が主導し、それまでの会社を統一して、一六〇二年、オランダ東インド会社を設立した。

この時代、各国の貿易会社はどの国との貿易を考えていたのであろうか。当然、香辛料の産地や、インドが目的地になっていたが、最大の目的地は「シナ▲」（中国）であった。

オランダ人の「シナ」に関する情報

オランダ人が、「シナ」にふれることになった最初の文献は、デ・メンドーサ▲の『シナ大王国誌』である。本書は当初スペイン語で書かれ、ラテン語・イ

▼ヨーハン・ファン・オルデンバルネフェルト（一五四七〜一六一九）政治家であり、オラニエ公ウィレム（在位一五七九〜八四）を助けて、独立戦争を戦った。ウィレムが暗殺されたのち、息子のマウリッツを助けて戦争を継続する。さらに、いくつもある「東インド会社」を統合させ「オランダ東インド会社」を設立させた。それゆえ、この会社を「連合東インド会社」ともいうのである。しかし、最後に、マウリッツにより処刑されている。

▼シナ　この場合の「シナ」は、ヨーロッパ人からみたChinaをあらわす言葉である。

▼ゴンサーレス・デ・メンドーサ（一五四五〜一六一八）　スペイン人で、ヨーロッパで最初に中国の歴史書を著した人物。著書『シナ大王国誌』は一五八六年に出版され、ヨーロッパに多大な影響を与えた。

タリア語などに訳されたのち、一五九五年にオランダ語に訳されている。次に重要なのは、一五九六年に出版された、ファン・リンスホーテン▲の『東方案内記』である。明に関する部分は、デ・メンドーサの『シナ大王国誌』からの引用が多いとはいえ、インドに向かうオランダ最初の艦隊が、リンスホーテンの書をもって航海に乗り出していることから、その影響力の大きさを認めるべきであろう。

『東方案内記』には、「シナ」に関して三章が設けられている。第二三章「シナ国のたいそうな豊沃さ、富裕さ、強大さ、その他、同国の注目すべきことがらについて」、第二四章「シナ王国の省、都市、その他記憶すべきことがらについて」、そして第二五章「ポルトガル人が居住して取引をしているシナのマカオの町とその島、ならびに、彼らの交易、商品とその若干の価格とともに、シナとマラッカで日常用いられている度量衡と通貨について」である。

それによると、明は豊かな土地と認識されている。土地が肥沃で、食物が豊富。ヨーロッパにとって豊かさの象徴である宝石や絹が大量にある場所でもある。さらに、明では金よりも銀に価値をおくことが記されている。そして身分

▼ヤン・ハウフェン・ファン・リンスホーテン（一五六三〜一六一一）
オランダ人商人でありながら、歴史家でもある。当時ポルトガルしか知らなかった「東インド」の情報をオランダにもたらした『イティネラリオ（東方案内記）』の著者である。

による差別がなく、官僚試験に及第した者が大臣になれることが書かれているのである。当時のヨーロッパにおいては、身分制の壁がまだ厚い時代だけに、この話は驚きをもって伝えられたのであろう。ここに記されているシナは、ヨーロッパ人にとっては理想郷であった。

これらの情報をもとに、一五九五年にドゥ・ハウトマン▲率いる艦隊がインドをめざしてオランダを出航した。この艦隊は、ポルトガルの勢力の弱いジャワを訪れて今後の発展のための基礎を築いたが、結局、明にまではいたっていない。しかし、ジャワにおいて中国商品の重要性を再確認し、明の商人との取引をおこなっている。

明との接触と台湾

オランダが明と最初に接触したのは、ファン・ワーベック▲提督率いる艦隊であった。一六〇二年にオランダを出航し、〇四年にジャワのバンタムに到着している。この艦隊は、もとより明との交渉を目的としており、パタニを訪れて交渉の準備を整えた。ここでオランダ語のできる明人に加え、水先案内人と書

▼コルネリス・ドゥ・ハウトマン（一五六五〜九九）　東インドへ初めて到着したオランダ人。一五九五年に出航し、二年後に帰国しているが、航海自体は多くの被害を出している。

▼ウェイブラント・ファン・ワーベック（一五六六／七〇〜一六一五）　オランダ東インド会社の第一回の航海に副官として参加。第二回の航海で提督として艦隊を指揮し、明との交渉にあたった。

記の計四人の明人を雇った。ジャワで、華人系のシャーバンダル(港務長官)に福建省の大官宛ての手紙を書いてもらっている。こうした準備のうえで、一六〇四年に福建省漳州《しょうしゅう》に来航した。このとき、福建には宦官高寀《こうさい》が市舶提挙司として赴任していた。オランダの提督ワーベックと高寀との交渉が始まったのである。当初は順調に進むようにみえたが、結局は成功しなかった。明がオランダとの貿易をきらったというよりも、それまでの海上貿易ネットワークを維持していた福建の海商が、新たな競争相手の出現をきらったというのが事実のように思われる。

オランダ東インド会社はその後も何度か明との直接貿易を求め、一六二四年一月一日にはバタヴィアに明からの使者を迎えるまでにいたったが、結局、交渉に失敗している。理由は、オランダが澎湖島《ほうことう》に居住して貿易を続けようとしたのに対し、明側は外国人の明国内居留を認めなかった点、さらにオランダ側が自由貿易を望んだのに対し、明側は、朝貢貿易しか考えていなかった点にある。このことは、『バタヴィア城日誌』▲一六二四年一月一日の条に「オランダは友好的な交渉がうまくいかないとなると、武力を用いて明の船を略奪してい

▼『バタヴィア城日誌』　オランダ東インド会社の各地の商館は、毎年報告書を本国に送っている。とくに、バタヴィアからの報告書は『バタヴィア城日誌』としてまとめられている。

▼台湾　台湾をあらわす「フォルモーサ」の呼称は、ポルトガル語の「Ilha Formosa」(美しい島)に由来し、「美麗島」と呼ばれることもある。中国の歴代王朝からは、海外の地と考えられていた。隋代の記録にある「琉球」は、台湾を指すと考えられている。明代の記録には「大員」「大円」とあり、現在の台南を指している。台南はオランダ東インド会社が初めて入植した場所であり、「大員」「大円」に由来して本島は「タイワン」と呼ばれるようになっ

た」とあり、この点が明朝をしてオランダとの貿易を認めない大きな理由の一つであったと推測できる。のちに述べるように、鄭芝龍を中心とする明の海軍とオランダ東インド会社が戦闘をおこなうこともあり、明からするとオランダも「倭寇」の一つであった。

貿易を明に認められなかった一六二四年に、オランダは台湾▲の南部にある台南にゼーランディア城（現在の台南市安平《あんぴん》古堡《こほう》。五七頁参照）を建築し、東アジア貿易の拠点とした。当時台湾は、明の領土とは考えられていなかったが、シナ海貿易に参加するには重要な拠点であった。というのも、日本との貿易に必要不可欠な場所だったからである。

日蘭関係

オランダは日本の徳川幕府とは良好な関係を保ち、貿易を維持していた。しかし、これはオランダが望むような対等な貿易関係ではなく、江戸幕府に対してオランダが奉公するというかたちであった。このことは、一六四〇年にオランダ東インド会社の日本商館長カロン▲が幕府の命令を受けたときのようすから

たらしい。「台湾」の漢字が使われるようになったのは、清がこの地を支配する十七世紀以降である。

▼フランソワ・カロン（一六〇〇～七三）　両親はフランスのユグノーで、アンリ四世（在位一五八九～一六一〇）のとき、信仰を理由にオランダに移ったとされる。一六一九年に料理方手伝いとしてオランダ東インド会社の船に乗り込み、平戸に来航。二六年には、平戸商館の助手として雇用されている。日本語が堪能で、台湾商館長ピーター・ノイツの通訳を務めている。三九年には、平戸商館長になるが、江戸幕府の命で平戸から長崎に商館を移転させられている。妻は日本人である。セイロン島への遠征隊司令官、台湾商館長、バタヴィア商務総監を務め、五一年にオランダにもどっている。その能力がフランス政府のコルベールに認められ、六五年にフランス東インド会社に招聘され主席理事になり、七三年に海難事故で死亡している。

もうかがい知ることができる。この年に、オランダ東インド会社は、平戸に新しい石造りの倉庫をつくったが、その前壁に西暦年号を入れたのが問題となり、幕府から詰問され、結果として平戸から長崎出島に商館を移さざるをえなくなった。そのときの商館長がカロンである。

カロンは江戸に呼び出され、石造りの倉庫について幕府から吟味を受けた。その後、倉庫の破棄と長崎への移転が命じられたのだが、もしも商館長がなにか反論したり、誓願したりしたならば、ただちに殺されかねなかった状況であったため黙って服した。つまり、江戸幕府としてはオランダがどれだけ忠実に命令を実行するかを試したわけであり、カロンの対応はこれに合格するに十分なものだったわけである。この対応は、艦隊司令ライエルセン▲が明との交渉にあたり、時に武力を用いたのとは対照的である。

商館長カロンは、日本の状況をよく知っていたようである。妻は日本人であり、さらに彼は浜田弥平事件▲(タイオワン事件)といわれるオランダ東インド会社と日本の争いのときにも仲介役として働いていた。それゆえにカロンはオランダの要求を全面に押し出すよりも、日本の習慣に従うことを選んだと考えら

▼コルネリス・ライエルセン(一五九〇?〜一六三二)　ヤン・ピーターズゾーン・クーンが、オランダ東インド会社の総督の時期(一六一九〜二三)、ライエルセンは、艦隊司令としてポルトガル領のマカオを攻撃しているが、失敗に終わった。

▼浜田弥平事件　一六二八年に起きた、長崎代官の末次平蔵の配下浜田弥平とオランダ東インド会社台湾商館長ピーテル・ノイツの争い。この事件ののち、江戸幕府はオランダとの貿易を停止したため、オランダはノイツを江戸幕府に差し出すことで解決をはかり、三二年に貿易が再開された。これ以降オランダは、明よりも江戸幕府との貿易を重視するようになった。

れる。東アジアのみならずアムステルダムから日本までをつなぐ商館ネットワークをもつオランダにとって、日本との貿易は最大の利益を上げるもので、これを失うわけにはいかなかったからである。

当時の日本は、世界第二位の銀産出国であり、かつ世界第一の明の絹の消費地でありながら、歴史的に明を中心とする朝貢冊封体制に組み込まれることを拒否することが多かった。また寧波事件以来、とくに十六世紀からは明へ朝貢できなくなっており、明の商品、とくに生糸や絹織物は、倭寇に代表される密貿易でしか手に入れることができなくなっていた。

このような状況下において、明の密貿易をおこなう海商と並んで、ポルトガル商人やオランダ商人が明の生糸を日本に運んでくるようになっていた。その対価として日本の銀をえることができたのである。一六三九年の鎖国以降、従来日本のもっていた貿易ネットワークをオランダ東インド会社が受け継ぐかたちとなり、オランダに多大の利益をもたらしたのである。

そして一五六七年に、洪武帝の時代に施行された海禁令が解除されると、多くの華人商人が海外での貿易をおこなうようになった。というよりも、後期倭寇として活躍していた海商が公認された、というべきであろう。しかも明では江南を中心とする経済発展により海外の銀を必要とし、一方で多くの銀を産出する日本は生糸を中心とする物資を求めていた。ここに海上貿易がさかんとなる時代が到来したのである。

しかし、万暦帝(在位一五七二〜一六二〇)の治世から天啓帝(在位一六二〇〜二七)にいたるまで、政治が十全に機能しているとはいいがたい時代になると、海上貿易は明朝の統制下というより、力のある海商同士の了解のうえにおこなわれたと考えられる。さらに、ヨーロッパ諸国がシナの富を求めて来貢してきた。李旦《りたん》・顔思斉《がんしせい》(一八頁参照)といった、顔役が台頭してきたのはこのような時代であった。

②—鄭芝龍の登場

海商のリーダー、鄭芝龍

鄭成功の父である鄭芝龍は、一六〇四(万暦三二)年、福建省泉州府南安県(現在の南安市)に、鄭紹祖《ていしょうそ》と黄氏の間の子として生まれた。「芝龍」と名づけられたが、当時の習慣にならい、長男なので「一官▲」と呼ばれていた。活発な子であったらしく、遊びで石を投げて果物を落とそうとしていたら、その石が泉州知府の蔡善継《さいぜんけい》▲の頭に当たってしまった。蔡善継はとらえられた彼をみて、「これは麒麟児《きりんじ》だ」とほめて許したという話がある。

一六二八(崇禎元)年にマカオで海商をしている母方の叔父黄程《こうてい》を頼り、貿易にたずさわることとなった。ポルトガルの影響もあったのであろうか、カトリック信者となり、「ニコラス・ガスパルド」の洗礼名を受けている。ヨーロッパの文献には「ニコラス・イクアン」と書かれている。

語学が得意で、故郷の閩南語《びんなんご》のほか、南京官話・ポルトガル語・オランダ語が堪能であったといわれている。のちにオランダ東インド会社の通訳としても

▼一官　鄭芝龍だけでなく、この時期、多くの人がこの呼称を用いている。徳川家康に面会したといわれる「一官」がおり、時に鄭芝龍のことといわれるが、それは誤りである。

▼蔡善継(生没年不詳)　字は伯達、五嶽と号した。浙江省烏程県(現在の湖州市)出身。一六〇一年科挙に合格し福建莆田県知県、工部主事、南京兵部郎中を歴任。一五年に、泉州知府となる。このときに子ども時代の鄭芝龍に会っている。のちに按察司副使、布政使参政になる。二八年、福建左布政使になり、このとき、勢力が拡大していた鄭芝龍を招安した。著書に『前定録』二巻がある。

働いている。一六二三年、平戸に来航し、李旦▲・顔思斉▲の海商グループに属することとなった。この二人は、平戸を拠点とした海商で、貿易の取りまとめなどもしていた。李旦が表に立ち、顔思斉がそれを支えるというグループの構図のなかで、鄭芝龍はしだいに認められていったようである。

顔思斉は、鄭芝龍のほかに楊天生《ようてんしょう》、李徳《りとく》、洪昇《こうしょう》、陳衷紀《ちんちゅうき》などを自らの配下にした。一六二四年に、根拠地を平戸から台湾に移している。『台湾外記▲』には、顔思斉は配下とともに江戸幕府に対する反乱を企てたが失敗して台湾に逃れたとあるが、これは信頼できない。江戸幕府の統制がしだいに整備されてきたので、それをきらってというのが正しいところであろう。

翌年、リーダーである顔思斉がなくなると、鄭芝龍がその後継者に選ばれた。そのさいに占いがおこなわれたといわれている。米を山に積み、そこになき顔思斉の剣を刺して幹部たちが順番に拝み、拝んだときに剣が動いた者を後継者とみなす、というものであった。このような話がつくられるほど、鄭芝龍が統率者になるのは当時としては奇異に映っていたに違いない。おそらく、李旦・顔思斉の集団の後継者たる人物がみあたらなかったので、いちばん若い鄭芝龍

▼李旦（?～一六二五）　泉州の生まれで、洗礼名を「アンドレア・ディティス」という。十六世紀末、フィリピンのマニラを拠点として貿易活動をおこなっていたが、のちに平戸に拠点を移し、日本・明・東南アジアを結ぶ海商の取りまとめ役となった。江戸幕府から朱印状を交付されている。ヨーロッパ人からは「カピタン・シナ」などと呼ばれている。「カピタン」の語源はスペイン語で、マニラでも華人の取りまとめをこの名前で呼んでいる。

▼顔思斉（?～一六二五）　漳州の生まれで、李旦と似たような経歴をもつ。李旦と同一人物であると考えられることもあったが、別人とみてよいと思われる。李旦なきあと、後継者になったと考えられている。平戸では「甲螺」と呼ばれていた。福建語で「カアレエ」と発音し、日本語の「カシラ」を音訳した言葉で、「親方」という意味である。

を選んで幹部たちの合議制にしたというのが真実であろう。のちに明に降伏するとき、年長の陳衷紀は降伏せずに台湾の拠点に残っていた。大陸の鄭芝龍、台湾の陳衷紀という振り分けであったと考えられる。陳衷紀は一六二八年、李《り》魁奇《かいき》に殺されており、▲鄭芝龍は李魁奇を翌年に捕捉して殺害している。これをもって鄭芝龍の覇権が確立したといえるであろう。

『台湾外記』には、鄭芝龍があとを継いだ折に、自分やその兄弟を含め、名前に「芝」のつく一八人と義兄弟となったとある。これを、「十八芝▲」といい、鄭芝龍勢力の中心となった。

当時、海上交易に関わる華人グループの頭領は、鄭芝龍だけでなく、李旦の子である李国助《りこくじょ》をはじめ許心素《きょしんそ》、李魁奇などがいて、状況に応じて離合集散を繰り返していた。例えば、許心素は李旦の後継者の一人として大きな勢力をもち、総兵▲の兪咨皐《ゆしこう》▲との結びつきが深く、彼のとりなしで水師把総《すいしはそう》になった。しかし兪咨皐が弾劾されて失脚すると、許心素もその地位を失い、さらに海上勢力も維持できなくなって鄭芝龍にとってかわられた。

▼**『台湾外記』**　清代初期、江日《こうじつ》昇《しょう》(生没年不詳)によって書かれた鄭氏一族の年代記。章回小説(口語小説で回に分けた構成をとる)と史書の中間の体裁をとっているが、鄭氏の歴史を知るに必要な資料の一つである。

▼**陳衷紀殺害**　この説は『台湾外記』に載っているもので、『靖海紀略』では、鄭芝龍が招安を受けたとき陳衷紀が従わなかったので、鄭芝龍の手の者により陳衷紀が殺されたとある。

▼**十八芝**　鄭芝龍、鄭芝虎、鄭芝豹、鄭芝莞(本名は芝鶴)、鄭芝鵬、鄭芝燕、鄭芝鳳、鄭芝彪、鄭芝麒、鄭芝豸、鄭芝獬、鄭芝鵠、鄭芝熊、鄭芝蛟、鄭芝蟒、鄭芝鸞、鄭芝麟、鄭芝鶚。

▼**総兵**　正式名称を総兵官といい、明清時期の官職。提督につぐ位。

▼**兪咨皐**(生没年不詳)　倭寇対策で有名な兪大猷(八頁参照)の息子。

明との結びつき

十六世紀倭寇以来、密貿易をおこなう海商の多くは、処罰などをまぬがれるために、明の高官と結託していた。海商たちを降伏させて官職を与えることを招安といい、倭寇対策の一つとなっていた。胡宗憲（七頁参照）が倭寇の頭目王直を明に降服させようとしたときも、この方法が使われている。

鄭芝龍の海上横行に対して、明は手を打てなかったので招安が議論され、鄭芝龍との関係がある蔡善継が招安を提案した。これを恩に思った鄭芝龍たちは、自らを縛り降伏したのである。しかし仲間のなかの鄭芝虎《ていしこ》たちがこれに反対したので、このときの招安は成立しなかった。

一六二六年、鄭芝龍の一党が穀物の海上輸送を抑えたために、福建の人がおおいに飢え、食を求めて鄭芝龍の一党にはいる者がふえた。この年の十二月、巡撫の朱一馮《しゅいちふう》▲は、都司・洪先春《こうせんしゅん》に艦隊を率いて攻撃に赴かせ、把総・許心素、陳文廉に援護させた。一日戦ったが決着がつかず、夜に海が荒れて、許心素、陳文廉の船は漂流して位置を失った。暗闇に乗じて鄭芝龍一党の一部は上陸し、洪先春の部隊を前後から挟撃したので、官軍は敗れた。しかし鄭芝龍は招安を

▼**朱一馮**（一五七二〜一六四六）　字は非二、明京であり、澹叟とも号している。泰興県城の人である。名門の出身であるが、父の代で家が零落し、一馮は苦学した。一五九七年郷試に合格し、翌年の會試で貢士となり、殿試では二甲にはいり、進士となった。天啓年間に、福建巡撫となった。著作には、『自訂詩文集』三〇巻、『福寧定乱紀事』二巻、『符離弭変紀事』一巻がある。

受ける気持ちがあったため、それ以上の追撃をおこなわず、とらえた遊撃も殺さなかった。鄭芝龍が追撃しなかったことを泉州知府の王猷《おうゆう》▲が知ると、次のようにいったという。

鄭芝龍の勢力はかくのごとくでありながら、追跡せず、殺さず、掠奪せず、罪に服する兆《きざ》しがある。今は賊を滅ぼすのが難しいので招安をおこない、人を遣わして諭させ、船を海外に引かせ、功を立てて罪を贖《あがな》い、功があれば爵位などで優遇すればよい。

一六二八年春、工科給事の顔継祖《がんけいそ》▲が福建総兵の俞咨皐《ゆしこう》を弾劾し、その結果、俞咨皐は獄につながれた。というのも、俞咨皐は、楊六《ようろく》、楊七《ようしち》という海盗を招安して鄭芝龍に対抗させようとしたが、これが効を奏さなかったからである。六月に兵部にて鄭芝龍の招安が議論され、九月に鄭芝龍は福建巡撫・熊文燦《ゆうぶんさん》▲に降伏した。熊文燦の命により翌二九年二月に、鄭芝龍は海盗李魁奇《りかいき》を遊撃し、滅ぼした。李魁奇はもともと鄭芝龍の一党といわれているが、詳細は明らかでない。

▼**王猷**（生没年不詳）　一六一六年の進士。崇禎年間に泉州知府を務める。

▼**顔継祖**（?～一六三九）　福建省漳州府龍溪県（現在の漳州市）出身の進士。行人司行人、工科給事中、吏科都給事中などをへて太常寺少卿、そののち右僉都御史、山東巡撫を授かる。戦に巻き込まれて死亡した。

▼**熊文燦**（?～一六四〇）　貴州省永寧衛（現在の四川省敍永県）の人で、一六〇七年の進士。一六二八年に福建巡撫となっている。このとき、鄭芝龍は厦門から銅山を攻めているが、文燦は芝龍を招安し、海防游撃に任命している。のちに海盗李魁奇、劉香討伐の功で、楊嗣昌（一五八八～一六四一）に引き立てられている。のちに張献忠などの反乱軍と対峙したが、討伐に失敗して北京で処刑された。

オランダ東インド会社と鄭芝龍

一六〇二年以来、東南アジアで香料貿易を始めたオランダは、明との貿易（とくに絹織物）を進展させるため、二四年に澎湖島に城塞を築いた。この動きは明朝政府を刺激し、絶対優勢の兵力をもって澎湖島を包囲してオランダ人と交渉をおこない、澎湖島から退出させた。

しかし、交渉のなかで福建巡撫の商周祚《しょうしゅうそ》▲は、もしオランダ人が澎湖島を退去して台湾に行くならば、福建政府は福建と台湾の大員との商業往来を保証しようと提案した。しかし実際は、福建地方の官員は約束を履行しなかった。明とオランダの間には正式な関係が結ばれていなかったからである。福建政府はこの点を理解していたため、空《から》約束をしてオランダに提議を認めさせた。

明朝支配下の港において無許可で貿易をおこなうのは、本質的には密貿易である。オランダ船が漳州湾周辺に停泊し、貨物を運んでもらうには協力者が必要だった。当時オランダ人は、かつて海盗であった把総の許心素の協力のもと、明から少なからぬ絹製品とその他の貨物を獲得していた（毎年四～六万リールの生糸を購入し、あわせて三～四万両の銀をはらっていた）。許心素が鄭芝龍に敗れ

▼商周祚　字を明兼といい、等軒と号した。浙江省紹興府会稽の人。一五九七年の挙人、一六〇一年の進士。邵武県令となり、太僕寺少卿、都察院右僉都御史をへて福建巡撫となる。任期の間、民間からは一銭もとらずに倭寇に対処し、盗賊をとらえたことから、離任するときには福建の人が生祠を建てたほどである。その後兵部右侍郎、両広総督、兵部尚書になったが、母が年老いたことを理由に引退。三七年にふたたび都察院右僉都御史に任命されたが、しばらくして皇帝の命令をたがえたことを理由に辞職させられ、故郷にもどった。南明の弘光政権のとき、吏部尚書となったが、四六年六月に清に降伏した。

たのちは、鄭芝龍と同様の条約を結んでいたが毎年の供給量が確定せず、この状態はオランダ側からすると、対明貿易は完全に鄭芝龍の決定に委ねられていたことになる。

このように明との貿易が制せられていたので、オランダ側からは鄭芝龍に対し、不断に明の港における自由貿易の提案がなされた。鄭芝龍は李魁奇を撃破するまでは、オランダを自分の味方につけておく必要もあったので、自由貿易を認めるように明に提案したが、一六二九年に李魁奇を破ったのちも、鄭芝龍は約束を履行し得なかった。そもそも鄭芝龍は、東アジア海上の勢力を握っていたとはいえ、官位は海防游撃でしかなく、実質上他国との貿易における権限はもっていなかったのである。

一六三二年三月に、新たに赴任してきた福建巡撫の鄒維璉《すういれん》▲は、海禁令をふたたび発布し、許可をえた福建人が海上活動に赴くことは許したが、外国人が福建に来て貿易することを許さなかった。海禁令の発布後、隔年に大員に赴ける許可書は六枚しか発行されていない。明から来航する船の数が減ったため、オランダ人統治下の台湾では貿易が困難に陥った。

赤崁楼にある十七世紀の台南付近の古図（一六二六年）

▼**鄒維璉**（生没年不詳）　字は徳輝、新昌の人。一六〇七年の進士。吏部に務めていたとき、魏忠賢を弾劾したことにより流刑となった。三二年に再任用され福建巡撫となった。鄭芝龍に命じて、福建に侵攻してきたオランダ東インド会社を攻撃させた。

▼ハンス・プットマン(?～一六五六)　オランダ・ミデルブルフの出身で、一六二四年に連合東インド会社に下級商務員として務め、二六年に上級商務員に昇進している。バタヴィアの華人事務を兼務した。二九年にピーテル・ノイツ(一五九八～一六五五)のあとを継いで、台湾商館の第四代商館長になった。料羅湾海戦の敗北ののち、台湾の農業開発に専念した。三九年にヨハン・ヴァン・ディア・ブルフ(?～一六四〇)に商館長の職を譲り、オランダに帰国している。

鄭芝龍との約束を履行したにもかかわらず、実質なんらの成果もえることのできなかったオランダ東インド会社は、忍耐を切らしてしまった。台湾商館長プットマン▲は一六三三年四月、本拠地バタヴィアにもどって状況を報告した。これを受けて東インド会社は、海上を略奪する方法で明に自由貿易を認めさせる決定をくだしたのである。

バタヴィアのオランダ東インド会社は五月十四日に台湾に船を派遣して、作戦を通知している。本隊は六隻の帆船を集めて六月二日に出発した。そのほか、各地を航行している船や、ルートにそっている船も作戦に参加させた。西南の季節風に乗り、夏期に華人商人が南方各地から明に帰ってくるのに合わせて略奪活動をおこなったのである。作戦の目的は「福建沿海において劫掠活動をおこない、明政府をしてその貿易の要求にこたえさせ、華人を劫掠する」ことであった。この戦闘に参加したオランダの船舶は一九隻におよんでいる。オランダ船以外にも、略奪行為によってえた何隻かのジャンクも加わり、戦闘人員は多いときには一三〇〇人に達している。

七月二十九日、オランダが宣戦布告の戦書を送り、正式に戦争が始まった。

さらに、オランダ東インド会社は明に対して以下の要求を突きつけている。

(1)漳州河、安海、大員、バタヴィアとの自由貿易の権利を希望する。
(2)鼓浪嶼《ころんしょ》に貿易拠点を建築すること。
(3)代表を沿海の街に派遣し、商品を購入できること。
(4)船舶が福建沿海に自由に停泊できること。
(5)いかなる明の船もマニラ行きを許可しないこと。
(6)オランダ人は明の領内で、華人と同等の法律の権利を有すること。

以上の内容から、東インド会社はこの地域の貿易で有利な立場をえようと目論んでいたことは明らかである。十七世紀初頭、オランダでは武力で恫喝して有利な貿易条件をえるべきだとの意見があったが、それを実行しているものと考えてよいであろう。

その後、小競り合いが続いたが、八月になると劉香《りゅうこう》、李国助《りこくじょ》は正式にオランダと手を組んだ。一方、九月十六日には福建巡撫の鄒維璉が福建に赴いて調兵をおこなっている。あわせて五虎游撃に鄭芝龍(前鋒)、南路副総に高応岳《こうおうがく》(左翼)、泉南游撃に張永産《ちょうえいさん》(右翼)、澎湖游撃に王尚忠《おうしょうちゅう》(遊兵)、副総兵に劉応寵《りゅうおうちょう》を任命した。参将鄧樞《さんしょうとうすう》（中軍）をオランダ艦隊の軍力部署とした。鄭芝龍は自ら出資してイギリスの大砲を購入し、明の軍艦に装備した。

十月十三日には、八隻の海盗の船がオランダ艦隊と合流した。十七日、明軍はオランダ艦隊と海盗の艦隊の位置と規模（夾板船《きょうばんせん》九隻、海盗船五〇隻余）を把握したうえで、福建の明軍水師に出撃を命じた。十九日に明側の集結が終わり、二十二日に最大の海戦が起きた。

この海戦で、明側は三隻の船が破損し、八六人死亡、一三二人が負傷したのに対し、オランダ側は四隻の船が沈没し、一隻が火災で損傷、五〇隻余の海盗の船も被害を受け、一五〇人近くが溺死、二五〇人余が死亡、二五〇人余が捕虜になり、八〇〇人余が負傷している。オランダ東インド会社の大敗であった。この戦いは、そのおこなわれた場所から「料羅湾の戦い」といわれている。

戦いは明側の勝利に終わったわけであるが、オランダとの貿易を制限しようとした福建巡撫の鄒維璉は当時の首輔であった温体仁《おんたいじん》（一五七三〜一六三八）にきらわれて、福建巡撫の職を解かれてしまった。後任に沈猶龍《しんゆうりゅう》▲が就任したが、東南海の制海権は鄭芝龍一人の手に落ちたのである。

▼**沈猶龍**（?〜一六四五）　字を雲升といい、南直隷省松江府華亭県（現在の上海市松江県）の出身。一六一六年の進士で、浙江省鄞県の知県、徵授御史、河南副使、太仆寺少卿などをへて、福建巡撫となった。その後、親の喪に服すために郷里に帰っている。喪が明けてから、兵部右侍郎兼右僉都御史や総督両広軍務を務めた。明が滅びた四四年冬、福王に召されたが従わなかった。翌年、清が南京を攻略したとき、松江府城を守って戦死した。

▼**劉香**（?〜一六三五）　別名「劉香佬」ともいい、広東省新安県博寮島（現在の香港南丫島）の出身である。オランダの資料には、「ヤング・ラウ」とでてくる。十八芝の一人ともされている。しかし、鄭芝龍は、オランダとの交易を中心とし、劉香は「仏郎機」と呼ばれていたスペイン・ポルトガルとの貿易を中心としていたので、関係が悪化していった。一六二九年、劉香は明朝に投降するのを拒絶し、ついに鄭芝龍との袂を

明との武力の差を思い知らされたオランダは、武力によって明との貿易問題を解決する案を放棄し、劉香▲をはじめとする海盗との協力をやめ、鄭芝龍と協力して貿易をする道を選んだ。結果的に鄭芝龍から穏便に貿易の保証をえることができ、敗戦したにもかかわらず、当初の作戦目標を達することができたといえよう。これ以後、オランダは明（鄭芝龍）と安定した貿易を維持することができ、それは明朝滅亡まで続いたのである。

明滅亡以降

こうして鄭芝龍は、海上の最大の勢力となった。さらに一六四〇年に福建参将であった鄭芝龍に総兵の位が、また四三年には福建都督の位が与えられている。四〇年の冬、弟の鄭鴻逵《ていこうき》は、副総兵として南贛《なんかん》兵三〇〇〇を指揮することになり、翌四一年の正月には南京の守備を命ぜられている。同年三月に北京が李自成《りじせい》▲の軍隊により占領されて崇禎帝（在位一六二七～四四）が自殺すると、四月に南京で福王が弘光帝▲として即位した。この南京政権（南朝▲）から鄭芝龍に南安伯の爵位が与えられており、さらに総兵官、鎮守福建と位を進めた。しかし

分かち、最後には彼と争って自殺に追い込まれたのである。

▼李自成（一六〇六～四五）　延安府米脂県（現在の陝西省）出身で「闖王」と名乗り、明に対して反乱を起こした。北京に攻め込み、崇禎帝を自殺に追い込み、「順」という国名を名乗ったが、清朝と一緒に攻めてきた呉三桂に追われ、北京を逃げ出し、農民の自警団により殺された。

▼弘光帝（在位一六四四～四五）　万暦帝の次男福王の長男で、福王の位を継いだ。北京の崇禎帝が李自成の乱によって自殺したのち、南京で即位した。清に攻められ、とらえられ、処刑された。

▼南明　一六四四年に崇禎帝が自殺し明は滅亡したが、南京で福王が弘光帝として即位し、その後、隆武帝・紹武帝・永暦帝が明の後継者を称している。これを「南明」という。弘光帝の政権を南京政権と呼ぶこともある。

この政権も、翌年の五月には清軍に制圧されてしまった。弘光帝は逃亡したが、家臣に裏切られてとらわれの身になり、翌年処刑されている。弘光帝ののちに、唐王朱聿鍵《しゅいつけん》が隆武帝（在位一六四五〜四六）として即位した。隆武帝は福建に帰る途中の鄭鴻逵と遭遇したので、福建を拠点とすることとし、鄭芝龍の勢力を後ろ盾に清と戦おうとした。しかし、一六四六年の八月、福建に進攻した清軍にとらえられて自殺している。その後、鄭芝龍は清に降伏した。

最初、清朝は鄭芝龍を優遇し同安侯に封じた。というのも彼に従って多くの帰順者がでることを期待したからである。しかし一六五四年、福建巡撫であった佟国器《とうこくき》▲が鄭芝龍のもとに仕えていた者たちに事情聴取し、そのうえで以下のように告発したのである。

> 鄭芝龍は自分の息子鄭成功が（朝廷の）招撫の議決にまだ従っていないというこの時に、勝手に自分の弟鄭鴻逵から手厚い贈物を受け取り、帰りには召使いを遣わして自分の母や弟に手紙を出し、あまつさえ（郷里の）自分の下僕に指示を与えましたが、いずれも（芝龍自身は）陛下に申し上げておりません。そのうえ、福建制圧の（清の）大兵がまだ境界に到着していないの

▼佟国器（生没年不詳）　彼の父親は満洲族の佟卜年（?〜一六二五）で、母は漢族の陳氏（?〜一六四六）であった。父親の卜年は明に仕えていたが、満洲族との関係が疑われて、一六二五年に自殺を命じられている。こののち、母の陳氏は息子の国器を連れて、親戚であり清の将軍の一人であった佟図頼（父卜年の従兄弟）を頼った。その縁で、佟国器は清に仕えている。その後、嘉湖分巡道、浙江提刑按察司に任じられている。この時期、福建で鄭氏政権と戦っていたのは、彼の従兄弟で、福建巡撫佟国鼎であった。つまり佟氏は、一族をあげて清に仕えていたのである。五三年、佟国器は福建巡撫となり、翌年、一族の佟代が浙江福建総督となり、佟一族で鄭成功との戦争を続けたのである。先述したように、優遇されていた鄭芝龍を告発し、処刑の契機をつくったのも彼である。なお、順治帝の妃で、康熙帝（在位一六六一〜一七二二）を生んだのは佟図頼の娘であり、佟氏は皇帝の姻戚となったのである。

に先に告示を出し、いち早く安平にもたらしました。道理をよくいいきかせた告示とはいえますものの、軍の機密を漏洩した鄭芝龍の罪情が重いことはまぬがれません。

（佟国器の上奏文）

順治十三年一月二十八日（一六五六年二月二十二日）の日付で、佟国器が上奏文を出し、翌年、鄭芝龍の処刑が決定した。最初順治帝（在位一六四三〜六一）は彼を死刑ではなく、寧古塔に流刑し家産や籍を没収することにしたが、流刑では将来に禍根を残すということで反対する意見が多く、数回の御前会議のあと、北京で獄中にとらえておくことに決定した。そして、一六六一年十一月二十四日、一緒に清に降伏した息子たちとともに北京で処刑されている。

鄭芝龍政権の特徴

鄭芝龍は、それまでの海商が官僚の庇護を受けながら一党を率いて交易をしていたのと違い、自らが高位の官僚となっている点が特徴的である。しかも、明清交替の時期に南安伯の爵位までえているのである。この点で旧来の海商、王直・許心素などが、庇護してくれる官僚が宮廷での地位を失うと、海商としての力も発揮できなくなったのとは大きく違っている。息子の鄭成功を南京の太学の学生としたのは、将来官職に就かせる準備とみて間違いないだろう。

一方で、鄭芝龍は海商たちの競合状態であった貿易の支配権をめぐって、劉香などのライバルを滅ぼしたうえに、オランダ東インド会社に対しても優位に立った。こうして彼自身は明の官位・爵位をえ、最終的には彼の組織のもとに独占体制をしいた。この体制は基本的に鄭成功にも引き継がれたと考えてよい。そう考えたとき、鄭成功が国姓爺という呼び名をえていたことは大きな意味をもつことになる。この名は彼が明の准皇族であることを意味すると同時に、清に対抗する大義名分となるからである。

しかし、鄭芝龍はあくまでも海商であり、明に最後まで殉じるという気概があったとは思えず、息子鄭成功の、最後まで忠義に従おうとする態度を理解できずにいたと思われる。

③—鄭成功の生涯

「国姓爺」になるまで

鄭成功は、一六二四年七月十四日(新暦では八月二十七日)、長崎平戸で生まれた。父は鄭芝龍、母は平戸藩士田川七左衛門▲の娘マツである。マツが海岸にいた折に陣痛が始まり、側《そば》の岩にもたれて出産したと伝えられている。そのときによりかかった石が、現在でも「児誕石《じたんせき》」として顕彰されている。福松と名づけられ、二年後、弟の次郎左衛門▲が生まれた。

福松は七歳のとき、父芝龍のいる福建に単身わたっている。福建では「森《しん》」と名乗った。一六三八年、算《かぞ》えで一五歳のときに院試に合格し、南安県の生員となった。成績が二〇位であり、「廩膳生《りんぜんせい》」▲の一人となった。四一年に、福建省泉州府恵安県の進士で礼部侍郎の董颺先《とうようせん》の姪、董氏を娶《めと》り、翌年の十月二十五日には息子の鄭経が生まれている。四四年に南京国子監に進み、銭謙益《せんけんえき》▲に師事し、「大木」の字《あざな》を与えられている。鄭成功は、当時としては最高の環境で学んでいたことになる。

▼田川氏　漢籍文献には、この田川氏を「翁氏《おうし》」と記していることが多い。平戸で父老のことを「翁《おん》ツァン」と呼ぶが、これが「翁氏」とされたと思われる。この田川氏は現在も続いている。

▼田川次郎左衛門(一六二六〜九六)　のちに祖父の名前を継いで「田川七左衛門」を名乗っている。

▼廩膳生　生員のなかでも、成績優秀で役所から食糧が給与された者を廩膳生、または廩生といった。

▼銭謙益(一五八二〜一六六四)　蘇州府常熟県の出身で、一六一〇年、二八歳で進士となった。翰林院編修をへて、二一年に浙江郷試正考官となったが、東林党であることから弾劾され、野にくだった。崇禎年間には中央に復活し礼部尚書にまでなっていたが、南京政府が清にくだると、彼も清に降伏し仕えている。当時から詩文に秀でており、呉偉業・龔鼎

孳と並ぶ江左三大家の一人とされている。教え子には、鄭成功のほかに瞿式耜・顧炎武・毛晋都などがいる。

▼**ドルゴン親王**（一六一二～五〇）　清の太祖ヌルハチの第一四子で、甥である順治帝を助けて、清朝政権を安定させた。

しかし、この年の三月に北京が反乱軍の首領「闖王《ちんおう》」李自成に攻められ、崇禎帝は北京の景山で自死、このまま李自成の政権が安定するかとも思えたが、満洲族の清はドルゴン親王▲指揮のもと李自成を破り、北京に入城した。これ以降、清朝が政権を担うことになったのである。北京の陥落後、明の復興をめざす史可法らが南京で万暦帝の孫福王を擁立し、一六四五年に「弘光」と改元した。しかし同年五月には清軍が揚州・金陵を攻め、弘光帝をとらえて処刑し、この政権も滅びた。鄭成功は南京陥落以前に福建にもどっていたようである。

南京陥落時に守備の一翼を担っていたのが鄭芝龍の弟の鄭鴻逵で、戦いののち福建にもどるさいに唐王朱聿鍵《しゅいつけん》（一六〇二～四六）を同行した。朱聿鍵は、明の太祖洪武帝の第二三子朱桱《しゅけい》の八代目の孫にあたる。一六三二年に唐王を継ぎ、河南省南陽に封ぜられている。三六年、勝手に軍隊を動かしたことを崇禎帝に咎《とが》められ庶人に落とされ、鳳陽（安徽省鳳陽県）に軟禁された。このとき、唐王の位は弟の朱聿鏌《しゅいつばく》が継いでいる。しかし、四一年、弟の唐王は李自成の乱で殺されてしまった。四四年に崇禎帝が自殺し、南京で弘光帝が即位すると、赦免され広西省平楽県に移されることとなったが、病のために出立できなかった。

翌年南京が陥落すると浙江省嘉興に避難し、さらに杭州にまで逃げた。ここで鄭鴻逵の軍隊に拾われたのであった。そのまま福建に赴き、監国をへて皇帝に即位したのである。隆武という年号を用いたので、隆武帝と呼ばれるようになった。

隆武帝は、鄭成功と初めて会ったとき一目で彼を気に入り、「朕に娘がいれば嫁がせるが、不幸にしていない。それゆえ国の姓を授けよう」といって、「朱」姓を授けたといわれている。これにより、成功は「国姓爺」と呼ばれるようになった。なお、親族の鄭肇基《ていちょうき》も同じように国姓を授かっている。彼は「小国姓爺」と呼ばれた。

一六四六年、隆武帝は北伐の軍を興した。このとき、隆武帝は鄭成功を忠孝伯に封じ、御前営内都督に任じて尚方剣《しょうほうけん》▲を授け、駙馬《ふば》▲と同様の待遇にしたうえに「招討大将軍」の印綬を与えている。いかに帝が鄭成功を信頼していたかがわかる対応である。しかし、このときの北伐軍は来攻した清軍になすすべもなく、隆武帝自身、福建省汀州でとらわれの身になってしまった。絶食して自ら命を絶ったと伝えられている。

▼**尚方剣**　古来天子のもつ剣をいい、天子の権力の象徴となった。

▼**駙馬**　本来は、天子の馬車にそえる予備の馬のことであったが、魏晋南北朝のころから、皇帝の娘の婿が「駙馬都尉」に任ぜられるようになり、そこから、天子の娘婿を「駙馬」と称するようになった。

彼の死後、弟の朱聿鐭《しゅいつえつ》が紹武帝として広州で即位した。時同じくして、弘光帝の従兄弟にあたる永明王朱由榔《しゅゆうろう》も広東省肇慶《ちょうけい》において永暦帝（在位一六四六～六一）として即位した。両者は正統性を争い、広東省三水で戦闘におよんだ。戦闘では紹武帝が勝利をおさめたものの政権は弱体化してしまい、一六四七年十二月清軍が広州に進攻すると簡単に陥落し、紹武帝は自害してはてた。

紹武帝の死後、永暦帝は広東省から広西省を勢力下においたが、しだいに清においつめられていった。一六五〇年、桂林が陥落すると拠点を失い、放浪する政権となる。一六五九年に緬甸《ビルマ》（現在のミャンマー）のマンダレーに逃れている。この時期、この地をおさめていたのはタウングー朝▲で、王のピンダレー（一六〇八～六一）は、永暦帝をアヴァ（現在のインワ）に抑留した。一六六二年、清の将軍呉三桂《ごさんけい》（一六一二～七八）が軍隊を率いてアヴァに迫ると、ピンダレー王は永暦帝を将軍に引きわたした。永暦帝はこの年に雲南で一族もろとも処刑され、▲ここに明の王統はとだえたのであった。しかし、のちに述べるように福建、台湾に依った鄭氏政権は滅亡まで「永暦」の年号を使い続けている。

▼**タウングー朝**（十四世紀～一七五二）　ティンカバーによって建国されたとするビルマ人の王朝で、十六世紀には、タイのアユタヤ朝を支配下においた。一七五二年、モン族のペグー朝によって、滅ぼされた。

▼**永暦帝の救援要請**　永暦帝は、ローマ教皇に救援を求めていることでも有名である。一六四六年にマカオのポルトガル兵の援助を受けたこともあって、その母の王太后、王皇后はカトリックの洗礼を受けている。その縁で、ポーランド出身のイエズス会神父ミカエル・ボイム（卜彌格、一六一二～五九）にローマ教皇宛ての手紙を託している。彼が安南に返書をたずさえてもどってきたのは五八年八月で、すでに南明政権は崩壊しており、永暦帝はローマ教皇の返書を手にすることはなかった。

▼**施琅**（一六二一～九六）　福建省泉州府晋江県で生まれた。一六四七年一月に鄭成功が小金門で「誓師の

反清活動

一六四五年に父の鄭芝龍が清に降伏したのち、鄭成功は反清の態度を鮮明にした。しかし、鄭芝龍の長男であっても、鄭家を完全に掌握していたわけではなかった。鄭成功の根拠地は、南澳《なんおう》（現在の広東省汕頭市南澳県）であった。南澳は、広州から約五〇〇キロ、厦門《アモイ》から二〇〇キロという海上貿易の中継基地として絶好の場所であり、鄭芝龍が数千の兵を配置していた地である。ここを基地とした鄭成功は、施琅《しろう》▲とその兄弟や、盧若騰《ろじゃくとう》▲などの人材を集めた。

一六四七年一月（隆武二年十二月一日）、鄭成功は、小金門（現在の金門県烈嶼《れっしょ》郷《きょう》）で明の太祖洪武帝の位牌を祀り、「招討大将軍印」の印を使い、「忠孝伯招討大将軍罪臣国姓」の名をもって「誓師の檄文《げきぶん》」を発している。ここから鄭成功の反清活動が始まったのである。

しかし北伐を考える鄭成功にとって、南澳はいかにも南に寄りすぎていた。その年のうちに、鄭成功は本陣を鼓浪嶼に移した。ここは厦門の西南に浮かぶ小島である。周囲四キロあまりで、ほとんど岩の島であり、のちに「厦門島の涙」と呼ばれた。四八年、鄭成功は福建省の同安を攻略したものの、すぐに清

檄文」を出すときには、彼の幕下に参加し、参謀として働いている。厦門にいた鄭聯の殺害にも関係していた。しかし、五一年に微罪を犯し、鄭成功から厳罰に処されることを恐れて清に投降している。このために家族が誅殺されている。彼が鄭氏を不倶戴天の仇とみなしたことは間違いないであろう。五六年以降、清の将軍として鄭成功の軍と戦っている。六二年に水師提督となり、鄭経に対峙している。八一年、鄭経が死亡すると台湾侵攻の責任者として推薦され、八三年には鄭経の子鄭克塽をくだした。清からの信頼も篤く、九六年に七五歳で死去したあと、太子少傅が追贈されている。

▼**盧若騰**（?～一六六四）　字を海遠、号を牧洲といい、金門の出身である。一六三六年の挙人。兵部武庫清吏主事を皮切りに、浙江布政使左参議、分司寧紹巡海道にまでなっている。その後、鄭成功政権に参加した。六四年、澎湖島でなくなった。

▼**劉国軒**（一六二九〜九三）　清朝漳州府の把総。一六五四年末、鄭成功に投降を望み、鄭軍が漳州を占領するのに応じた。こののち、鄭成功から管護衛後鎮に任命されている。間諜をよく用い、敵軍の詳細な動向を把握して勝利に導いているため、「劉怪子」のあだ名をもつ。南京攻撃、台湾攻撃でおおいに活躍し、「征北将軍」ならびに「武平伯」「武平侯」になっている。鄭経の時代に

軍に奪い返されてしまった。しかしこのような状況であっても、永暦帝は鄭成功を威遠侯に封じている。というのも、この時期、福建では清や豪族などの諸勢力が乱立していたが、そのなかで鄭氏の勢力が最大だったからである。

とはいえ鄭氏の支配勢力はかならずしも大きいわけではなかったので、一六五〇年に潮州を攻めて、支配領域を拡大しようとした。このとき、潮州を守っていたのは、郝尚久《かくしょうきゅう》であったが、彼は「不明不清」としてどっちつかずの態度をとっていた。同時に清軍も広東に侵攻してきたため、郝尚久は清に降伏し潮州に清軍を引き入れている。そのため、鄭成功の軍隊はついに潮州を攻め取ることができなかった。

同じ年の中秋、鄭成功は厦門にいた一族の鄭聯《ていれん》を殺害し、その兵力を掌握した。これ以降、厦門が鄭成功の根拠地となった。翌年になると、鄭鴻逵がその兵力を鄭成功にわたし、鴻逵の本拠地であった金門も鄭成功の支配下におかれた。ここに初めて鄭成功は鄭家の全兵力を掌握したのである。

一六五一年に、鄭成功は塩州付近で大暴風雨に遭遇し、九死に一生をえている。その後、広東に兵を進めたが、その隙に清の福建巡撫張学聖《ちょうがくせい》が、馬得功《ばとくこう》、

王邦俊《おうほうしゅん》らの将に命令して厦門を攻撃させた。厦門の守をまかされていた叔父の鄭芝莞《ていしかん》は戦わずして逃亡したため、鄭成功の財産は奪われ、董夫人と息子鄭経は祖先の位牌をもって逃げるのがやっとであった。この報を聞き、鄭成功は南征をあきらめて厦門にもどり、敗戦の責任をとらせて鄭芝莞を斬首した。また、この年四月、参謀でもあった施琅が清に降伏してしまった。

一六五二年、鄭成功は漳州を包囲した。連年、清との戦いを継続していることに対し、永暦帝は鄭成功に漳国公の位を贈っている。さらに、もう一人の明の王族である魯王も、舟山から厦門の鄭成功を頼ってきている。

一六五四年、鄭芝龍は清に降伏するよう鄭成功に勧めてきた。鄭成功はこれを拒否したわけであるが、このときの手紙のやりとりや、先述したような佟国器の告発が、後年の鄭芝龍処刑の理由の一つとされたものである。この年、清も葉成格《しょうせいかく》を派遣して降伏を勧めてきたがまとまらなかった。一方、漳州の劉国《りゅうこく》軒《けん》▲は鄭成功に降伏し、漳州を献上した。

一六五五年には、鄭成功の武将甘輝《かんき》▲が仙游を攻略した。それに対し清は、福建総督・李率泰《りそつたい》▲による招撫と、貝勒《ばいろく》▲世子羅託《らたく》▲の軍隊の派遣という硬軟両方の対

は鄭氏の軍事力の中枢を担う指導者となった。

▼**甘輝**（?〜一六五九）　福建省海澄県の出身であり、鄭成功を助け、彼の軍隊のなかでいちばんの重臣ともいえる存在であった。永暦帝からも「崇明伯」に封じられている。

▼**李率泰**（一六〇八?〜六六）　一二歳のときから清の太祖ヌルハチに仕えた。一六五三〜五六年に広東総督を務め、五六年から閩浙総督として鄭成功と対峙している。

▼**貝勒**　本来「多羅貝勒」といい、清の宗室の爵位の三番目である。貝勒世子とは、この貝勒の後継者の意味である。

▼**羅託**　伝不詳。しかし、『清史稿』の本紀三「太宗本紀二」に三カ所その名前が出てくる。いずれも、国政に関与させ、軍事を扱わせるものである。

鄭氏略図

- 1世 縤（隠石）— 2世 岱（隠泉）— 3世 拭（砥石）西亭開祖 ……（中略）…… 10世 紹祖
- 10世 紹祖
  - 11世 芝龍
    - 12世 森（成功） 母田川氏
      - 13世 経（錦）
        - 14世 克壓 陳氏
        - 克塽 蘇氏 史氏 馮氏
          - 15世 安世
          - 安邦
          - 安康（国）
        - 克墨 許氏
        - 克均 柯氏
          - 安甸
        - 克坺 馮氏
        - 克昳（商） 趙氏
        - 克折 張氏
        - 克塙 劉氏
          - 安徳
      - 聡 朱氏
        - 克坦 李氏
      - 明 林氏
      - ● 智 洪氏
        - 克璋 洪氏
      - 寛 林氏
        - 克培 朱氏
      - 祐 王氏
        - 克崇
        - 克俊
      - 温 劉氏
        - 乗模
        - 克圭
        - 克傑
      - 柔 洪氏
        - 克壐
      - 発
    - 次郎左衛門 母田川氏
      - 道順
    - 焱（渡）
    - 垚（恩）
    - 鑫（蔭）
    - 淼（襲）
      - 纘武
      - 綽
      - □
      - 絨（綏）
  - 芝鵬
    - 広英
    - □
    - 海英
    - 平英
  - 芝虎
  - 芝鵠
  - 芝（鄭鴻逵）
    - 肇基（耀）
  - 芝豹

●鄭成功児誕石と石碑（長崎県平戸市の千里ヶ浜）

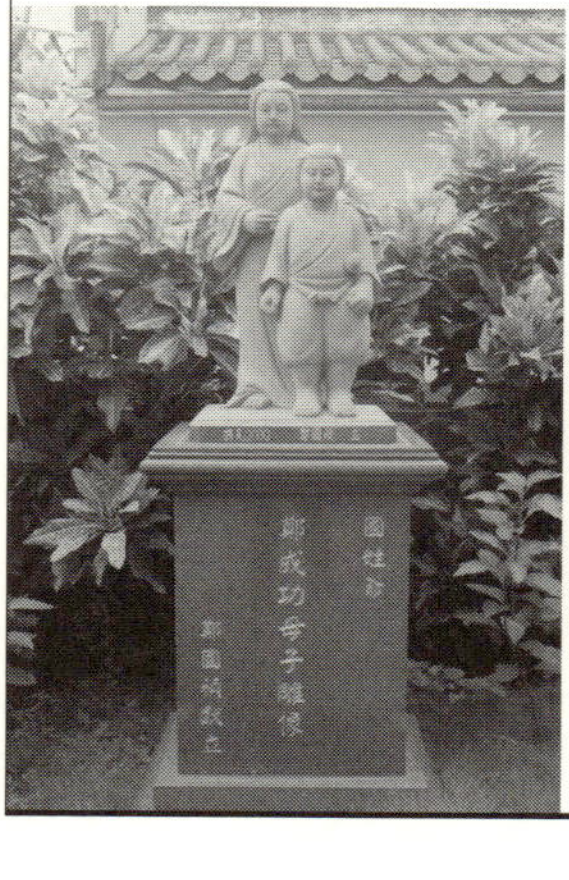

●鄭成功祖廟内に建つ、鄭成功母子彫像（台湾台南市）

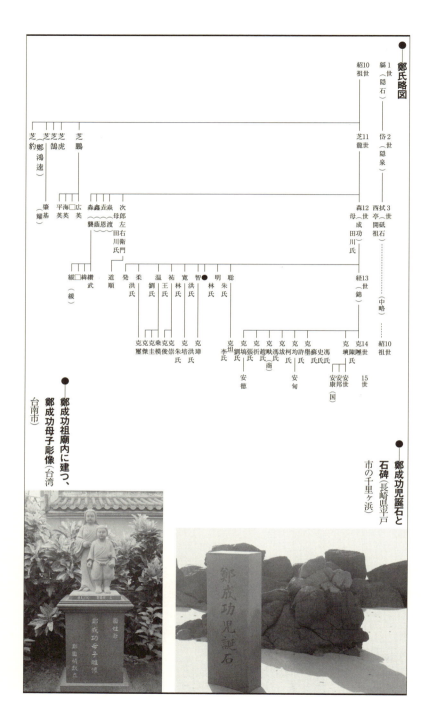

● 福建省と台湾

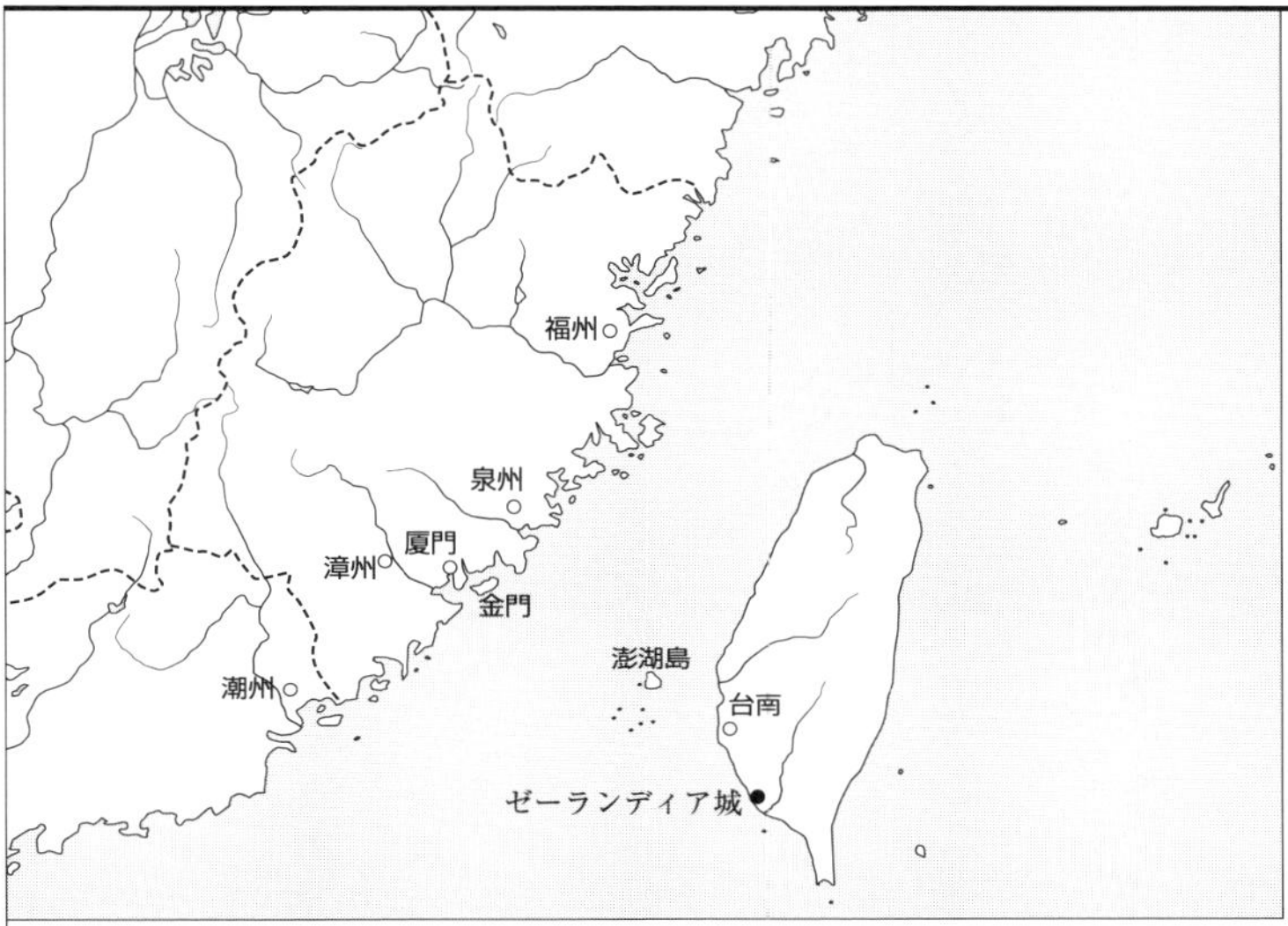

● 金門地図

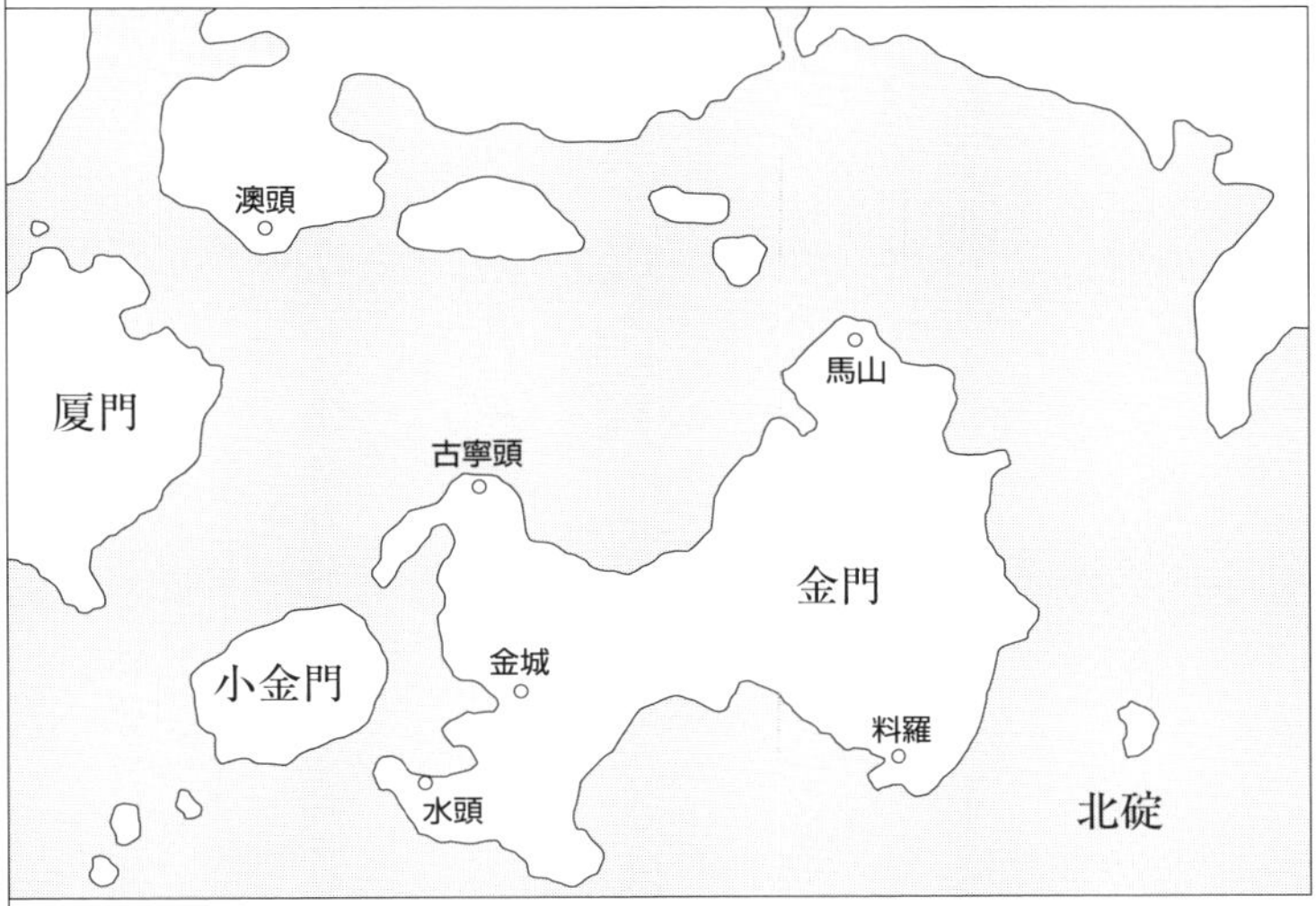

応をしてきた。そのため、成功は安平・潮州を捨て、兵を金門・厦門にまとめた。翌五六年には、鄭成功の武将である黄梧《こうご》が清に降伏した。鄭軍の蘇茂《そも》と黄梧が、清の平南王尚可喜《しょうかき》と戦い大敗したとき、鄭成功は責任をとらせるために蘇茂を処刑した。これを知った黄梧は、清軍に投降するほかなかった。鄭成功は規律違反者に厳しい処分を科してきたが、それにより施琅・黄梧という有能な武将を清側に追いやる結果となった。

同じ年に、鄭成功は福州を攻めている。彼を懐柔するために清朝は鄭芝龍に手紙を書かせ、降伏することを勧めさせた。鄭成功は、護国嶺で清軍と戦い、これを破って回答とした。こうして鄭成功は、この時期清朝と一進一退の戦いを繰り返していたが、これは、北伐のための準備期間でもあった。こうした鄭成功の活動を支えた財源の一つが、海外との貿易であった。

鄭氏五商と日本乞師

鄭氏は、貿易を運営するための組織を立ち上げていた。それが五商といわれる組織で、山五商と海五商とがあった。山五商は、金、木、水、火、土という

▼黄梧(一六一八〜七四)　福建省平和県出身。初めは鄭成功の総兵として海澄県を守っていた。一六五六年に清に降伏し「海澄公」に封じられた。翌年、福建省に進攻した。その功により甲冑や貂裘を賜り、太子太保となる。清に施琅を推薦した。康熙年間、三藩の乱の間にも清につくした。

▼尚可喜(一六〇四〜七六)　最初は明のために働いていたが、のちに清に投じている。一六四九年に平南王に封じられた。息子に王位を継がせようとしたが清が認めず、これを契機に三藩の乱(六六頁参照)が起きている。

▼鄭泰(?〜一六六三)　鄭経の時代になって、鄭泰が処罰されたのも、財務面で大きな権限をもっていたのが理由の一つであった。

▼遷界令　清が鄭氏の海上貿易活動を阻止するため、中国沿岸の住民

を奥地に強制的に移した法令。一六六一年に実施された。

▼陳永華（一六三四〜八〇）　字を復甫といい、福建省泉州府同安県で、挙人である陳鼎と洪淑貞の間に生まれた。一六四八年、陳鼎は、清軍の福建進撃のさい、国に殉じている。このとき陳永華は一五歳であった。二三歳になると、兵部侍郎王忠孝の推薦を受けて鄭成功に面会している。彼の学力に感心した鄭成功が彼をして「永華は今の臥龍なり」とほめたとの話が残っている。「諮議参軍」の職を授けられ、鄭経の師となった。

▼周鶴芝（生没年不詳）　字を九元といい、福建省福清県出身。もともとは海賊だったが、崇禎年間に招安を受けて明の把総となり、明滅亡後は唐王政権に参加し、水軍都督となった。一六四五年と四七年に日本に援兵を求めている。黄宗羲の『日本乞師記』に書かれている周崔芝と同一人物と考えられている。

名の五商であり、北京・蘇州・杭州・山東に拠点をおき、絹を中心とする物資の購入を目的としていた。海五商は、仁、義、礼、智、信という名の五商で、厦門に拠点をおき、山五商が購入した物資を海外に販売することを目的としていた。それぞれの商は独立採算であり、鄭氏から資本を借りて交易をおこない、利益を鄭氏にわたすかたちであった。山五商の利益は裕国庫、海五商の利益は利民庫におさめられ、それは、戸官の鄭泰▲によって管理されていた。

ちなみに鄭経の時代もこの貿易組織は活用されていたが、一六六四年に台湾に退去したとき、山五商は大打撃を受けた。遷界令《せんかいれい》▲により海五商の活動もはかばかしくなかったが、鄭経が師とあおいだ陳永華▲の提言により、清の守将に賄賂をわたして交易ができるようにしたのである。

さらに、鄭氏は海上運行の安全を管理するという名目で、「令旗《れいき》」を活用した。この旗をもっていない船舶は安全が保証されず、令旗をえるには鄭氏に金銭をはらわなければならなかった。これは、鄭氏の大きな収入源となった。

もう一方で、鄭氏一族のみならず、周鶴芝《しゅうかくし》▲などの明の部将は、日本に援軍の要請をおこなっている。これを日本乞師《きっし》と呼んでいる。一六四六年十月の鄭芝龍の乞師のときは、紀州大納言徳川頼宣などが援軍に積極的だったのに対し、大老の井伊直孝が豊臣秀吉の朝鮮出兵を例に反対して、取りやめになっている(『寛永小説』)。なお、一説には徳川頼宣が反対したとある▲(『南龍公譜略』)。

　鄭成功は、一六四八年以降二度にわたり一族の鄭彩《ていさい》を日本に派遣し乞師をおこなっている。また息子鄭経も、のちに日本に援軍を要請し、一六七四年までの間に援軍を乞う使者が計一〇回派遣された。鄭家は江戸幕府だけでなく、薩摩藩や琉球、時にローマ教皇にまで使者を派遣している。その使者の一人が朱《しゅ》舜水《しゅんすい》▲であった。彼は明に忠誠をつくし、反清活動を続けていた鄭氏政権に協力し、日本や安南(現在のベトナム)に訪れている。一六五九年の南京攻略戦にも参加したが、失敗ののち日本に派遣され、そのまま日本に亡命している。

北伐

　一六五七年、鄭成功は北伐を決意した。この年、永暦帝は鄭成功に「延平郡王▲」を贈っている。この称号をえてから鄭成功は、自らを「本藩」と呼ぶようになっている。オランダ語史料に「プン・プアン」とあるのは、この称号のこ

▼出兵反対の理由　失敗すれば日本の恥となり、また外国との関係が悪化し、成功しても、鄭氏の領地はたいした土地ではないので、結局国の利益にならないとしている。

▼朱舜水(一六〇〇〜八二)　浙江省餘桃県の生まれ。日本亡命後、水戸藩の徳川光圀にまねかれ、江戸に移住した。光圀が水戸藩主になると水戸に赴いている。『大日本史』等が編まれるようになり、水戸学の基礎となった。舜水の影響で、清初五大師(黄宗羲・顧炎武・王夫之・方以智・朱舜水)の一人に数えられている。

▼延平郡王　明の制度では、福王や秦王などの一字の「王」は、親王に与えられ、延平郡王や朝鮮国王のような二字の王号は、それ以外の者に与えられるとされる。しかし実質には差がなく、史書によっては「延平郡王」ではなく、「延平王」としているものが多々ある。

鄭成功を祀る延平郡王祠（台湾台南市）

とである。この動きを受けて、北京の鄭芝龍は獄につながれることとなった。

一六五八年に北伐の軍隊を進発させた。その編成は、以下のとおりである。

第一軍団　司令官は中提督の甘輝。この軍団は、左虎衛の陳魁《ちんかい》が鉄人軍（鉄製の甲冑を着た部隊）五〇〇〇とその護衛兵一万を率いる。一人の鉄人の左右に一人ずつ護衛兵がつくのである。ほかに兵二万。兵船四〇隻。快速船一〇隻。

第二軍団　司令官は右提督の馬信。兵員二万。兵船五〇隻。快速船一〇隻。

第三軍団　司令官は後提督の万礼。兵員二万。兵船五〇隻。快速船一〇隻。

第四軍団が本営であり、国姓爺鄭成功が自ら指揮をとる。兵員一〇万。兵船一二〇隻。

しかし、旧暦八月に羊山《ようざん》海域で嵐に遭い、三〇〇隻のうち一〇〇隻を失って計画を一年延期した。翌五九年二月には再度軍勢を整え、北伐を開始した。前年の北伐を第一次、このたびの北伐を第二次ということもある。

この北伐軍は三月二十五日に磐石衛《ばんせきえい》に集合し、四月十九日に出発している。一〇日後には寧波を攻撃し、五月一日には、舟山の烈港《れっこう》（現在の瀝港《れきこう》）を占領した。五月十八日には崇明島を占領し、六月十六日には瓜州《かしゅう》を攻略している。

このとき、鄭成功は「出師討満夷自瓜州至金陵」という詩を詠んでいる。

縞素、江に臨みて、胡を滅ぼさんことを誓う
雄師、十万の気、呉を呑む
試みに看よ、天塹鞭《てんざんべん》を投じて渡らば
中原の朱を姓《なの》らざらんとは信ぜず

〈喪服を着て、長江に臨み、胡〈満洲族〉を滅ぼすことを誓う。精兵十万の気持ちは呉〈江南〉を併呑する勢いである。見ていたまえ、大軍が長江を渡れば、中原の天子が朱〈明の皇帝〉でないことが信じられなくなるだろう〉

六月二十二日には銀山を攻略し、七夕の七月七日〈新暦の八月二十四日〉、南京に到着した。十二日には布陣を完了し、二十三日、鄭成功の誕生日に攻撃をすることに決めた。しかし、攻撃予定日の前日の二十二日、清軍は当時は使われていなかった神策門を通路にして総攻撃をかけてきたため、不意を突かれた鄭軍は大惨敗▲を喫し、鄭軍の中心を担う人々の多くが失われたのである。

八月十一日に崇明島を攻撃したが、結局福建にもどることになった。鄭成功の遠征軍が厦門に帰り着いたのは、一六五九年十月二十二日である。一年半に

▼**鄭軍の大惨敗**　七月二十四日の時点で、確認された戦死者は、以下のとおりである。中提督・甘輝、左武衛・林勝、左虎衛・陳魁、後提督・万礼、五軍都督・張英、智武鎮・藍衍、護権鎮・李泌、吏官・潘庚鐘(一六二〇～五九)。

▼**何斌**（生没年不詳）　何廷斌ともいい、福建省泉州の出身。鄭芝龍の集団に所属していたともいわれ、のちにオランダ東インド会社の通訳・会計として働いた。不正を会社にとがめられたために鄭成功のもとに出奔した。

近い遠征も、「尺寸の功も無し」（まったくの無意味）という結果に終わった。このとき鄭成功は、永暦帝から賜った王爵を自ら下げ、それ以降「招討大将軍」の肩書を用いている。これは、蜀漢の北伐が失敗したときに、諸葛孔明《しょかつこうめい》がなした行為と同じであろう。

大陸の領土を失い、清朝と対抗するには、根拠地とする厦門だけでなく新たな領土が必要となってきた。一六六〇年三月、オランダ東インド会社の通訳をしていた何斌《かひん》▲が会社との関係が悪化したために厦門に逃亡してきた。鄭成功に、

台湾の沃野は数千里で、まことに覇王の土地であります。もし、この土地をえたならば、大国になれます。人々に耕作させれば、充分な食糧がえられます。北に行けば鶏籠、淡水があり、硝石がとれます。大海に隔《へだ》てられ、外国との通行ができ、船を派遣して交易ができ、銅、鉄の不足に悩むことがありません。各所の兵士を移して生活させれば、十年で村となり、十年で豊になり、国を富ませることができ、兵も強くなり、進んで攻めるにも退いて守るにも、対抗するのに充分な土地です。

（『台湾外記』）

といって、台湾をとることを勧めた。さらに、台湾の地図を献上し、先住民の

形勢や水路の状況を説明した。つまり、台湾には食糧や軍用物資が十分にあり、貿易にも有利な場所であるなどの条件を有し、鄭氏にとって重要な拠点であることを強調したのである。鄭成功はこの提案に賛意を示したが、このときは達《たっ》素《そ》の率いる清軍との対決を優先し、台湾進攻作戦は棚上げとなった。同年六月、達素が清軍数万を率いて厦門を攻めたが、鄭成功は決戦に引き込み撃退した。この敗戦で達素は自殺したと伝えられている。

台湾攻略

一六六一年二月、鄭成功は船舶を修理させ、遠征の準備をさせた。そのうえで諸将を召集し、台湾攻略を論議させた。しかし賛成者は少なく、むしろ難色を示す者のほうが多かった。かつて台湾にいた呉豪《ごごう》は、「風水はよくありませんし、病気の多いところです」といい、さらに「港は浅く、大船がはいりにくい状況です」とまでいったのである。

前の提督・黄廷《こうてい》もまた、呉豪の意見に賛成した。しかし二人の意見を鄭成功は退けた。大将・馬信《ばしん》はこの場をおさめるために、偵察部隊を派遣することを提案した。そこで大軍を動かせるのか、オランダ側の防御がどうかを調べたうえでふたたび討議しようとしたのである。陳永華も馬信の意見に賛成した。このとき、協理中軍戎政《じゅうせい》(軍事行政官)・楊朝棟《ようちょうとう》は鄭成功の意志を読み取り、台湾進攻作戦に賛意を示した。これにより出兵が決まった。

オランダ東インド会社の準備状況

当時のオランダ東インド会社、台湾商館長はコイエット▲であり、ゼーランディア城に駐留していた。一方プロヴィンシア城(現在の台南市赤崁楼《せきかんろう》)には、ヤコブス・ヴァレンティンが駐留していた。

一六五〇年前後より、大陸の状況が不安定だったので、会社は貿易に問題が起きないように事態の推移を注視していた。オランダ東インド会社の最高決議機関である十七人重役会議は、平時であっても一二〇〇人の兵士を待機させるように決定したが、事実上執行されなかった。

一六六〇年、鄭成功の南京攻略が失敗に終わり、何斌が厦門に逃亡したのち、台湾では、鄭成功が攻めてくるという風評がたった。一月に、台湾の華人商人

▼**フレデリック・コイエット**(一六一五〜八七)　スウェーデンの出身で、オランダ東インド会社勤務。台湾商館長として敗戦の責任を負い、いったん死刑の判決を受けたが、三年後、バンダ諸島のアイ島に永久追放となった。しかし、生まれ故郷であるスウェーデン政府の働きかけにより、一六七四年、恩赦が与えられ、釈放となった。八七年、オランダで死去した。

安平古堡にあるコイエットの像
一六七五年に出版された『閑却されし台湾』の著者は、C・E・Sと匿名であったが、コイエットではないかといわれている。オランダ東インド会社と鄭成功との争いを知るには必要な本である。なお、このなかで著者は、台湾を失ったのはオランダ側が十分な支援をしなかったからだと非難している。

が続々と大陸に財産を移しだし、交易に訪れる華人船が減っていることに気づいた。そこで、華人商人から消息を聞きだし、三月には鄭成功が出兵してくると判断したのである。

　コイエットは戦いの準備をし、プロヴィンシア城にいる華人に食糧の販売を禁止したうえで、ゼーランディア城内の華人との内通を防ぐために軟禁した。また田圃の稲を焼いた。その量は八〇〇〇袋ともいわれている。さらに、三月十日には、オランダ東インド会社の本拠地であるバタヴィアに援軍を要請したのである。

　七月十六日、バタヴィア総督は、ヤン・ファン・デア・ラーンに出港を命じた。彼は一二隻の船に一五〇〇人の兵隊を乗せ、台湾に向けて出港した。総督は、もし鄭成功の攻撃がなければ、船団を出発させた費用をまかなうためにマカオを攻撃するように命令していた。九月二十日、ラーンは一一隻の船を率いて台湾に到着したのである（一隻は別行動）。

　ラーンは鄭成功が台湾に攻めてくるとは思っておらず、早くマカオを攻めるべきだと考えていた。そのために、コイエットとの関係が悪化した。これにより台湾商館の評議会は十月二十二日に、真意を探るために鄭成功に使いを出すことに決定したのである。十一月下旬、使いは鄭成功の信書をたずさえて台湾にもどった。その手紙には、台湾を攻める意志のないことが記されていた。しかし、評議会は種々の情報から、鄭成功の台湾攻略がありうるという危機的状況が変わっていないと判断した。ラーンはこれに不満で、翌年二月二十七日、一一隻の船を率いてバタヴィアに向けて出港してしまった。さらに若干の船を各地に派遣したために、台湾には四隻の船と六〇〇人の兵隊しか残っていなかった。このときの台湾商館の総兵力は一五〇〇人であった。

鄭成功軍の出動とプロヴィンシア城の陥落

一六六一年三月、鄭成功は部隊を編成した。自らは右武衛・周全斌《しゅうぜんひん》、左虎衛・何義《かぎ》、右虎衛・陳蟒《ちんぼう》、提督親軍驍騎・馬信《ばしん》らを率いて、出征することとした。同時に戸官・鄭泰《ていたい》に金門を守らせ、戸官忠振伯・洪旭《こうきょく》、前提督・黄廷、參軍・陳永華などは、鄭経を補佐して厦門を守らせることとした。四月二十一日昼、鄭成功は、将士二万五〇〇〇人(一説に一万一七〇〇人)と戦船数百艘(一説には三〇〇艘)を率い、金門の料羅湾《りょうらわん》を出発した。翌日、鄭成功は邱輝《きゅうき》に命じて兵力三〇〇〇を率いて澎湖に駐留させた。鄭軍は一度、澎湖を出港したものの逆風に遭遇し、もどらざるをえなかった。順風がなかなか吹かず、また食糧が不足してきたので、鄭成功は三十日に風雨をおかして出港するよう命じた。

四月三十日の黎明時に、鄭軍は霧のなかを鹿耳門に到達した。ゼーランディア城の守備隊は、突然海上にあらわれた数百隻の船舶に驚愕した。その様子は『閑却されし台湾』には、「霧が晴れたのち、多くの船が北汕尾港口《ほくせんびこうこう》にあるのが見えた。マストは大変多く、森のようであった」と記されている。コイエットはただちに戦いの準備をさせ、オランダ人にゼーランディア城内にもどるように命じ、トーマス・ペデル大尉に四門の大砲を用意させた。

当時の海岸線は現在の台南市の赤崁楼一帯であり、この地域の潮の関係で大船がはいりにくいとされ、プロヴィンシア城もあるために兵力をあまりおいていなかった。さらに鹿耳門の一本の水路しか進入ルートがないはずであった。

ところが鄭軍が到達したときはちょうど大潮で、船がこの水路を使って進入できたのである。鄭軍は午前一〇時頃に、プロヴィンシア城の北西、禾寮港《かりょうこう》

旧プロヴィンシア城（現在の赤崁楼）

（現在の台南県永康市洲子尾付近）に上陸し、馬信率いる先鋒隊がプロヴィンシア城を包囲した。午後一時半、鄭軍は赤崁の北に陣地を設営し、さらにオランダ軍の食糧を接収してプロヴィンシアとゼーランディアの交通を遮断したのである。このとき、プロヴィンシアには四〇〇人の兵隊がいたのみである。午後四時頃に、ファン・アールドルプ率いる二〇〇人の援軍が到着したが、プロヴィンシアに入城できたのはわずか五〇～六〇人にすぎず、残りはゼーランディアにもどらざるをえなかった。

五月一日、オランダ軍は陸上と海上双方から攻撃を開始した。陸上ではペデル大尉が二五〇人の兵を率いて北線尾に上陸したが、鄭軍を大砲の音を恐れる烏合の衆で、すぐに逃げるとみて攻撃をしかけた。しかし、鄭軍は四〇〇〇人の兵士をもって応戦し、さらに正面に五〇門の小型砲を用意していたのでオランダ軍は壊滅し、ペデルも一一八人の戦没者の一人になってしまった。

海上では、主力艦のヘクトール号とス・フラーフェンランデ号がペデル大尉の上陸を援護し、鄭軍の船舶に砲撃を開始して多くの船を沈めた。鄭軍は接近戦を試み、三〇隻以上の船で囲んで攻撃し、火矢を用いた。このためス・フラーヴェンランデ号は火災を起こし、小型船のドゥ・フィンク号の援護を受けながら戦場を離脱した。ヘクトール号は火薬庫が爆発し、沈没してしまった。また、連絡船のマリア号はバタヴィアに逃走した。鄭軍は陸海で大勝利をえたのである。

五月二日、台湾評議会は鄭軍と講和することにし、鄭成功も同意した。翌日、評議会委員トーマス・ファン・イペーレンは、検察官レオナルド・ファン・レオナルドゥスとともに、赤崁にいる鄭成功と談判した。鄭成功は「台湾は漳州に属し、もともと鄭芝龍の土地である。しばらくオランダ人に貸していただけだ」と主張した。それに対しオランダの代表は、鄭芝龍は条約のなかでオランダがフォルモーサ(台湾)を領有することを認めているので、鄭成功にも双方の多年の厚誼を考えて、譲ってほしいと述べている。これに対し、鄭成功はオランダ人は城塞や領地を差し出すべきだと強く主張し、それがいやならば開戦だと述べている。オランダ側代表は交渉の余地がないことを知り、城にもどった。同時に鄭成功は楊朝棟をプロヴィンシア城に派遣し、降伏を勧告した。このとき鄭軍は一万の兵士をもって包囲し、水源を断っていた。城内は兵力もわずかで、食糧も五~六日分しかなかった。レオナルドゥスは会談のあと、城内にはいって状況を把握したのち、守備の責任者ヴァレンティンに放棄することを同意させ、評議会に報告した。

五月四日、ヴァレンティンは、鄭成功に投降した。二日後、一四〇人のオランダ人兵士は、婦女子・奴隷とともに武装したまま城をでた。鄭軍は城を接収し、この地域を制圧したのである。プロヴィンシア城を落としたのち、鄭成功は主力部隊をゼーランディア城のかたわらにある大員市街の周辺に散開させた。台湾商館の評議会はこの町を放棄することを決め、兵力・住民・物資をゼーランディア城に運び込んだのである。このとき、城内には一七三三人しかおらず、そのうち八七〇人が兵士、三五人が砲手であり、その他は女性・子どもと奴隷であった。

ゼーランディア城攻防戦

五月五日、鄭成功は鯤身山に陣を進め、翌日オランダ軍と交戦したあと大員市街を占領した。さらに、二〇万袋の食糧をえたのである。このあと、何度か小競り合いがあったが大きな変化は起きなかった。

五月二十四日、鄭成功は麻豆社《まとうしゃ》▲の宣教師であるオランダ人牧師ハンブルック▲を使者として派遣し、ゼーランディア城に降伏を勧めさせた。ところが、ハンブルックは逆に、守りをかたくしてバタヴィアからの援軍を待つよう、コイエットに勧めたのである。台湾商館の評議会は断固として戦い抜くこととし、それを鄭成功に手紙にして送った。ハンブルックは妻と娘を鄭軍に人質にとられていたので、鄭軍の陣営にもどったのちに処刑された。

翌日、鄭成功は二八門の大砲で城を攻撃し、城壁などに被害を与えた。オランダ軍も三〇門の大砲で反撃し、双方で三五〇発の砲弾が発射された。オランダ軍は高所から砲撃したために鄭軍には多くの死傷者がでて、大員市街まで撤退した。オランダ軍は二度、兵隊を出して大砲を奪おうとしたが、馬信と劉国軒は弓部隊を率いて反撃しこれを撃退した。

オランダ側の資料によると、このとき、鄭軍は一〇〇〇人を上回る被害がでたようである。鄭成功は、ゼーランディア城が攻めにくいのを知って戦略を転換し、包囲することとした。そして多数の部隊を各地に屯田させ、食糧問題の

▼麻豆社　台湾の先住民である平埔族が住んでいた蕃社《ばんしゃ》(先住民の集落)の一つで中心的な役割をはたしていた。

▼アントニウス・ハンブルック(一六〇七〜六一)　ロッテルダムで生まれ、一六四八年から台湾で布教にあたっていた。

解決策とした。

その後、両軍は海上で戦ったが、鄭軍は基隆から助けにきたオランダ船を焼いてしまった。同時に参戦していたオランダ船二隻も被害が大きく、弾薬もなくなったので日本に向かった。

鄭成功が台湾攻略を決意した理由の一つが食糧問題である。澎湖島に停泊していたときも食糧の調達に苦しみ、そのために風雨のなかを出航せざるをえなかったほどである。台湾に到着してからも、食糧問題に悩まされ続けていた。上陸二日目に、鄭成功は戸都事の楊英に命じて、接収したオランダ軍の食糧を各部隊に半月分として配給させている。厦門にさらなる食糧の輸送を指令していたが、なかなか届かなかった。五月二十日、楊朝棟と楊英は、通訳の何斌と蕃社をめぐり、粟六〇〇〇石と糖三〇〇〇石余を探しあて、兵糧として配給することができた。

六月十四日、鄭成功は、赤嵌地方を「東都明京」と改名し、承天府を設けた。さらに旧暦の六月中に、各地の屯田をいとなませたのである。鄭軍が屯田などをしている間、オランダ側でも動きがあった。二月二十七日に台湾を出航したファン・ラーンは、三月二十二日バタヴィアにもどり、総督にコイエットは無能で怯えていると報告した。この報告を受けて、参事会が後任としてヘルマン・クレンケを選任した。これが六月七日のことである。六月二十二日、クレンケはホーヘランデ号とルーナン号を率いて台湾に向かった。その二日後の二十四日、鄭成功が台湾に攻め、会社が大敗したとの報告が、台湾からバタヴィアにもどったマリア号によってもたらされたのである。この報告を受け驚愕したバタヴィア商館は、ただちに船を派遣して、クレンケを呼びもどそうとした。

六月二十五日、バタヴィア総督は台湾救援の艦隊を派遣することに決定した。最初、ファン・ラーンを指揮官と決めたが、彼が固辞したため、ヤコブ・カーウを艦隊司令とし、一〇隻の船に七五〇人の兵員と八カ月分の食糧を搭載して派遣した。その後、コールテンホッフ号などを増援部隊として派遣している。

七月三十日、カーウの艦隊は大員港の外に到着し、コイエットと連絡をとり、状況を確認した。しかし上陸はせず、翌日には嵐を避けるためいったん日本に向かったのである。八月十二日、カーウは艦隊を率いて大員港外に再度来航し、食糧と弾薬を運び込むとともに、さらに五〇人の兵士を上陸させてゼーランデ

●——**安平古堡**(台湾台南市)**のゼーランディア城跡**(写真上、十七世紀)**と築城当時のままの城壁**(写真下)　ゼーランディア城跡は「熱蘭遮城城牆遺跡」と表記される。敷地内には「熱蘭遮城博物館」もある。

▼**靖南王耿継茂**（？〜一六七一）
三藩の乱（六六頁参照）の首謀者の一人、耿精忠（？〜一六八二）の父親。

ィア城の援軍とした。このため、ゼーランディア城内のオランダ軍の士気はおおいに高まった。しかし、風が強かったために艦隊の一隻が座礁し、船に乗っていた四二人が鄭軍の捕虜となった。カーウは、澎湖島に艦隊を避難させた。九月九日に、あらためて大員にもどり、一万五〇〇〇ポンドの火薬と数門の大砲を上陸させたのである。九月十六日、オランダ軍は出撃し、内海にはいって大員市街を砲撃した。しかし、風が強く波が高くなったために効果はなかった。

鄭成功は、迎撃のため艦隊を派遣した。これに対しオランダ側も短艇を出してきたが、兵力が優勢な鄭軍はこれを撃退した。また、艦隊の一隻が座礁して集中砲火をあび、爆破炎上した。オランダ側はこの戦いで一二八八人が死亡、負傷者は一〇〇人をこえたのである。一方、鄭軍でも一五〇人が戦死した。

オランダ側はこの戦いののち、再度攻撃する能力を失った。十一月六日、清の靖南王耿継茂《こうけいも》▲がコイエットに手紙を送り、清朝とオランダの同盟を提案してきた。厦門の鄭軍を掃蕩し、そのあと台湾の鄭軍を攻撃しようという内容であった。台湾商館の評議会はこれが最後の機会と考え、五隻の船を派遣することを決定した。十二月三日、カーウは五隻の船を率いて福州に向けて出航した。

しかし澎湖島に到着すると、風を避けるという口実で前進せず、二隻の船を率いてバタヴィアに帰ってしまった。十二月十日、残された三隻の船はゼーランディア城にもどり、カーウの敵前逃亡を報告した。これにより、オランダ軍の士気は下がってしまった。

十二月十六日、オランダ軍の兵士ハンス・ユルヘン・ラディスは鄭軍の陣地に逃亡し、ゼーランディア城では守備兵の大半は衰弱し、攻撃に耐えられる状況でないと密告したのである。また、ゼーランディア城の防備の弱点も教えたのであった。

ゼーランディア城の開城

一六六二年一月二十五日、鄭軍は、北・東・南の三方面から砲撃を開始し、ゼーランディア城の堡塁を破壊した。翌々日、台湾商館の評議会は抵抗をあきらめて停戦を決め、二月一日、コイエットは投降し、文書に以下のような内容で調印した。

(1)双方の敵対行動をいっさい停止し、恨みを忘れる。

コイエットが鄭成功に降伏する像
(台湾台南市赤崁楼)

(2)オランダの城塞・大砲・軍事物資・商品と現金はすべて鄭成功に引きわたす。
(3)オランダ人は、バタヴィアにもち帰るに必要な食糧・工具は携帯できる。
(4)オランダ兵士は、旗を掲げ、大砲を鳴らし、槍をたずさえ、太鼓を鳴らし、隊列を整えて乗船できる。
(5)鄭成功は、オランダ人捕虜を解放する。
(6)オランダ東インド会社は、華人捕虜を解放する。

二月十七日、コイエットは二〇〇〇人のオランダ人を八隻の船に分乗させて台湾を離れた。これにより、オランダによる台湾統治三八年の歴史は幕を閉じたのであった。コイエットたちが降伏する前、北京に幽閉されていた鄭芝龍は、一六六一年の冬、北京で処刑されている。

鄭成功は占領した台湾を最初「東都」と名づけ、のちに「明京」と改名している。永暦帝を待っていたからといわれているが、永暦帝が処刑されたのちは、「東寧」と名前をあらためた。接収したゼーランディア城を「王府」として使用した。

台湾占領後の鄭成功

一六六二年、鄭成功は、リッチオ神父▲をフィリピンに派遣し、フィリピン総督に手紙をわたした。総督がルソンで多くの華人を虐殺したことを非難し、鄭成功に朝貢するよう求める内容であった。これに対し総督はフィリピンでふたたび華人虐殺をおこなったのである。その報を聞いた鄭成功はフィリピン攻略を企画▲したのであるが、実行する前の六月二十三日に死亡している。

彼の死因については、記録によって違いがあり確定できないが、心労がたまっていたことは想像にかたくない。父親の鄭芝龍は北京で処刑され、息子の鄭経が乳母と関係して子どもをなしたという家庭内の問題もおき、福建における活動もうまくいっていない状況、さらにフィリピンにおいては華人の虐殺があったという状況が心理的に彼をおいつめていたことは間違いないであろう。彼の晩年はけっして幸福なものではなかった。

鄭成功は最後まで明に忠誠をつくし、海上勢力を率いて清との戦いを継続した。この功績は今なお賞賛されている。

▼リッチオ神父（一六二一〜八五）　イタリア出身の神父で、漢籍資料には「李科羅」と記されている。

▼鄭氏政権のフィリピン攻略計画　鄭氏政権は、鄭経のときも、一六七〇年と七一年の二度にわたって、マニラに遠征軍を派遣することを企画したが、三藩の乱に対する行動を優先したために、結局おこなわれなかった。

一方で鄭成功は、永暦帝の南明政権にかならずしも協力的ではなく、「反清」は貫いたが、「復明」ではなく、自分の政権を建てようとしていたのではないか、という意見もある。しかし、「永暦」という年号を使い続けた点だけでも、明朝の正統性を維持し続けたというべきであろう。

鄭氏政権の将来を鄭成功自身がどう考えていたかは史料が少ないために断言はできない。しかし、明の年号を維持し続けたということは、朱子学的な面からみても、高く評価されることである。

とはいえ軍閥の常なのか、主導権をえるために一族の鄭聯を殺し、最後は筋をとおすためとはいえ、不義の子をなした息子の処刑まで命じており、ゆきすぎの感がある。しかもそのとき、部下の将兵たちがその命令に従わなかったことからも、その指導力にも疑問をもたざるをえない。

④—鄭成功死後の台湾

鄭成功の息子、鄭経

一六四二年十月二十五日に生まれた鄭成功の息子鄭経は、幼名を「錦《きん》」といい、愛称は「錦舎《きんしゃ》」であった。字を「賢之《けんし》」、号を「式天《しきてん》」といった。彼の若い時分のことはほとんど伝えられていない。彼の活動が明らかになるのは、鄭成功が台湾に進攻したときである。鄭成功がオランダとの戦闘を継続しているとき、鄭経は厦門の守りをかためていた。台湾攻略には九カ月かかり、一六六二年一月にオランダ東インド会社は降伏するのだが、この間に鄭経は弟の乳母と関係をもち、子どもをもうけている。このことは最初、正妻との間に子どもができたと伝えられ、鄭成功から贈り物まで届けられたが、のちに鄭経の正妻の父親唐顕悦《とうけんえつ》▲が鄭成功に真実を話したことから、鄭成功はその子どもだけでなく、鄭経までも処刑するように命令をくだした。しかし、金門にいた鄭泰、厦門にいた洪旭などの諸将は従わなかった。このときに生まれたのが鄭克𡒉《ていこくぞう》である。▲鄭成功が病死すると（一六六二年六月）、台湾にいた黄昭《こうしょう》、蕭拱辰《しょうこうしん》などは、

▼**唐顕悦**（生没年不詳）　明の兵部尚書であった。

▼**鄭克𡒉の生まれ**　江日昇の『台湾外記』では、このとき、その母と子どもは斬《き》られたとあるが、郁永河（一六四五〜？）の『裨海紀遊』には、殺されていないとある。あとに述べるように、鄭克𡒉はクーデタで殺されているが、そのときにクーデタを起こした側は、彼を「螟蛉子《れいめいし》」（養子）といって、血のつながりがないとあえて強調していることから、このときに生まれた子どもと考えられる。

鄭成功の弟鄭襲《ていしゅう》を擁立した。ここで鄭氏勢力は二つに割れたのであるが、鄭経は朝貢関係をもちたいと清朝に働きかけ、時間を稼ぎながら台湾に進攻し、内部分裂を収束した。鄭襲を擁立した黄昭は戦死し、蕭拱辰などは鄭経によって処刑された。鄭襲自身は厦門に軟禁された。のちに鄭襲は一族を率いて清に投降し、康熙帝から栄禄大夫《えいろくたいふ》の官を賜っている。

このできごとからもわかるように、鄭氏政権はかならずしも安定していなかった。さらに、金門にいた鄭泰が、黄昭と以前個人的な関係があったことから、鄭経はこれを疑い、策を弄して鄭泰をとらえて禁固に処している。この策を献策したのは陳永華であった。一六六二年、内乱をおさめた鄭経は延平郡王を継いだ。人によっては、この政権を「東寧王国」とも「東寧王朝」とも呼んでいる。

一六六四年、鄭経は金門・厦門で清とオランダの連合軍に敗れ、銅山島《どうざんとう》(現在の福建省漳州市の東山島《とうざんとう》)にまで退いた。この折、人心が不安になり、清に投降する者が多くでた。鄭経周辺の有力な者まで、鄭経に清に降伏するよう勧めたのである。しかし、陳永華と洪旭が「投降した人の多くは奴僕や商人の類である。明鄭の官員と僭称して清の厚遇を受けるつもりでしかない。万一投降したあと、このような待遇を受けても理想とはならない。これは、笑い話みたいなものだ」といって説得し、鄭経は投降の考えを捨てて台湾に退去し、国の政治をすべて陳永華の処理にまかせたのである。

　陳永華は食糧問題を解決するために屯田制を採用している。もともと台湾は、オランダ統治時代から閩南の農民を受け入れて農業開発をおこなっている。しかし、郭懐一《かくかいいっ》▲の乱にみられるように、かならずしも順調にいっていたとはいいがたい。そのため、陳永華は農業生産力を一段と上げるために、屯田をおこなわせたのである。さらに、台湾沿岸で塩がとれるので、製造過程を改良し、良質な塩を生産することができるようにした。また、康熙帝によって施行された遷界令により貿易が減少したが、陳永華の建言で海防を担当する清の将軍に賄賂を贈り、密貿易を進めたのである。これにより台湾の物価は安定した。

　一六六六年、陳永華は孔子廟《こうしびょう》を建てて学校を設け、さらに科挙制度を制定した。また、保甲制度▲を定めて治安を安定させている。台湾を拠点とした鄭氏政権が安定し、経済力をもつにいたったのは陳永華の功績といってよい▲。それ以

▼郭懐一（一六〇三?〜五二）　福建省泉州の出身で、オランダ統治下の台湾に移り、開墾を進めた。一六五二年、重税にあえぐ華人を集めてオランダに対する反乱を起こしたが、失敗した。

▼保甲制度　元々は、宋代の王安石（一〇二一〜八六）によってつくられたという、民衆を管理する制度である。明も洪武帝以来「里甲制度」として採用してきた。一〇戸を一甲とし、一〇甲を一保として管理されていた。

▼台湾の陳永華に対する評価　台湾発展の基礎をつくった人物として陳永華は記憶されており、現在台南市にある永華路は、彼の名前に由来する。

鄭成功祖廟

▼**三藩の乱**（一六七三年十一月〜八一年十月）　満洲族が山海関を通過するのを許した呉三桂と、清に協力した尚之信（?〜一六八〇）、耿精忠（?〜一六八二）は、清からそれぞれ平西王・靖南王・平南王とされ、その領地は藩とされた。呉三桂が、息子に平西王を譲ることを許されなかったことから起こした反乱である。

前の一六六三年、鄭経は父を祀る鄭成功祖廟を現在の台南市に建立している。

鄭経の台湾統治

鄭経が延平郡王として台湾をおさめていた一六七三年、清では呉三桂《ごさんけい》による三藩の乱▲が起きている。その翌年四月二十一日に、耿精忠《こうせいちゅう》もこの乱に参加した。彼は戦闘用の船を鄭経に提供して出兵を要請した。鄭経はこの要請を受け入れ、五月に台湾を出発して厦門にいたった。そこで、鄭経は耿精忠に漳州と泉州をわたすように要求した。しかし、福建を掌握していた耿精忠は、兵力の少ない鄭経のこの申し入れを拒絶し、共同作戦を取りやめたのである。鄭経は報復として海澄県・同安県を占領してしまい、双方の関係は悪化したのである。

ところが、泉州・漳州は、続々と鄭経に投降してきた。こうして鄭経の勢力が拡大するのをみて、耿精忠はあらためて鄭経と交渉をおこない、泉州を返すように求めた。しかし鄭経はこれを受け入れなかったので、耿精忠は武力で泉州を奪回しようとした。鄭経は、劉国軒を派遣し、塗嶺《とれい》（現在の泉港區塗嶺鎮）で耿精忠の軍隊を破った。さらに、漳浦をめぐっての戦闘が開始された。一六七五年正月、耿精忠は前の約束を履行して五隻の船を提供し、楓亭《ふうてい》(現在の仙游県楓亭鎮)を境として、北は耿精忠、南は鄭経の領土と取り決め、ようやく戦闘が終結したのであった。

鄭経は、広東の清軍を二度にわたり撃退していたが、潮州は降伏しなかった。耿精忠との和解ののち、鄭経は潮州遠征を企画し、さきに劉国軒を派遣して尚之信を破らせ、自身は海澄県にまで兵を進めた。このとき漳州の守将・黄芳度《こうほうど》は密かに清との関係をもちはじめていた。これを疑った鄭経は黄芳度を試したところ疑いが明らかになり、六月に戦いとなり、漳州を包囲した。十一月二十二日に漳州が陥落すると黄芳度は井戸に身を投げて自殺した。鄭家を離れ清に降伏した黄梧が前年になくなり、墓が漳州にあった。生前、黄梧は鄭家の墳墓を破壊していたので、漳州陥落後に鄭経は黄梧の遺体を車裂の刑に処した。また自殺した黄芳度の遺体も同じ刑に処し、その一族をも処刑している。

一六七六年、鄭経の軍に再度破れた広東の尚之信は三藩の乱に加わることとなり、恵州を鄭経に割譲した。こうして鄭経は、漳州・泉州・潮州・恵州を領有するにいたった。その周辺は、三藩の乱に参加している盟友の領土になったのであるが、逆にこれが同盟関係をくずす原因となってしまった。呉三桂とともに江南に進撃を企《くわだ》てた耿精忠は、汀州の総兵・劉応麟《りゅうおうりん》に出撃を命じたが、彼はそれを拒否し、鄭経と連絡したために耿精忠はこれを攻めた。鄭・耿の同盟関係が破れ、清と鄭家に挟まれた耿精忠は清に降伏することを選んだのである。そのため鄭経は清の攻撃を正面から受けることとなった。三万の兵力を擁した清は福州に攻め込み、十一月二十日、烏龍江で鄭経を破った。領土を失った鄭経は厦門にもどらざるをえなかった。以上の戦いを「粤東《えっとう》の戦い」ということもある。

敗戦後、鄭経は厦門を堅守しようと、諸将を福建・広東・浙江沿岸の島々に派遣した。そのあと、劉国軒が厦門にもどるのを待って彼に軍隊を統括させ、福建南部への進攻計画を準備させた。一六七七年、清と交渉しているなかで、康親王傑書《けっしょ》は、もし鄭経が大陸から去って台湾に退くならば、台湾を藩として通商を許そうと提案した。鄭経はこれを拒絶し、一六七八年三月十日に劉国軒を派遣して、漳州と泉州の連絡を絶つために虎渡橋《こときょう》を攻めさせた。三カ月の包囲ののち、七月二十八日に海澄県を攻略したものの決定的な勝利をおさめることができなかった。

翌年、清はあらためて鄭経に、台湾が臣下と称して朝貢すればよいといってきた。三藩の乱で苦しんでいる清は、鄭経にかなり譲歩している。しかし、鄭経はこの提案も拒絶している。そのため十二月になると、清はふたたび遷界令を出したのである。そもそも遷界令は、一六六二年、康熙帝によって出され、海岸から二五キロを無人にする政策であった。一六六九年にいったん撤回したものの、あらためてこの政策をおこなったのである。そのうえ北は福州から南は詔安県にいたるまで要塞を設けた。このため鄭氏は、清支配下の地域と交易することもできなくなり、商業活動に大きな打撃を受けることとなった。さらに、交易活動が制限された影響で、食糧問題が発生し、軍隊への補給にも事欠くようになってしまった。この問題を解決するため、鄭経は一戸ごとに一斗余分に米を出すようにさせ、将軍たちにも自分たちの俸禄から軍に食糧を出すようにさせた。これ以外危機を乗りこえる方法がなかったのである。当時イギリス東インド会社はこの時期の鄭氏王朝の状況を次のように記している。

台湾王の状況は甚《はなは》だ不安定である。満洲の清朝に抵抗するのは容易ではな

▼**鄭氏政権の扱い**　諸外国から東寧王国と呼ばれていた。これらのことから、台湾の鄭氏政権が独立王国並みであったことは間違いないであろう。

い。清朝は常に恫喝《どうかつ》しており、国王はその財産を消耗しており、毎日人々から多くの税を納めさせ、軍隊を満足させることができなくなっている。清軍の脅威を受けるだけでなく、鄭軍の食糧不足による反乱も恐れざるをえない。

このような状況から、一六八〇年四月十日に鄭経は台湾に撤退することとなった。以上の戦いを「閩南の戦い」と呼ぶこともある。鄭経は国事を長男の鄭克壓にまかせ、翌年三月十七日、台湾の承天府で逝去した。享年四〇歳であった。なお、三藩の乱は鄭経の死の翌年に収束している。

康熙帝が再度遷界令を出したこともあり、鄭経の時代は大陸との交易は容易ではなかった。それゆえ鄭経は、イギリス東インド会社とも通商条約を結んでいる。イギリスの資料では、「台湾王国」「フォルモーサ王国」と記し、鄭経に「陛下」の呼称を使っていることから、独立王国扱いであったことは確かである。▲

鄭克𡒉と鄭克塽

鄭克𡒉《ていこくぞう》は幼名を「欽《きん》」といい、「欽舎《きんしゃ》」と呼ばれていた。鄭経とその弟の乳母である昭娘との間に生まれている。こうした関係を当時は「乱倫」といい、倫理的にはほめられた関係ではなく、このことを聞いた鄭成功は激怒し、母とその子、さらに鄭経まで処刑するように命じたという。しかし鄭経をはじめ、鄭氏の武将が誰もこの命令を聞かずにいたために、鄭克𡒉は命をまっとうした。

一六七四年、父鄭経の遠征にあたって鄭克𡒉は台湾の留守居をまかされ、陳永華が東寧総制として彼を補佐した。一六七九年、鄭克𡒉が一六歳になったとき、陳永華は彼を監国にすることを鄭経に進言して許された。これ以降、鄭克𡒉は、内政に関わることとなった。さらに、彼は陳永華の娘と結婚したのであった。つまり、陳永華の薫陶を受けていたといってよい。しかもその人柄は、祖父の鄭成功に似ていたという。

一六八〇年、鄭経は大陸での軍事活動が思わしくないことから台湾にもどっている。しかし内政は、引き続いて監国である鄭克𡒉が処理し、鄭経はその報告を聞くのみであった。鄭経は死の直前、劉国軒に「この子には、才能があり、頗《すこぶ》る希望がある。君が輔《たす》けてくれ。私が死んでも、安心していられる」といい、鄭克𡒉にあとをまかせることとしていた。しかし、鄭経の擁立に功があった馮錫範《ふうせきはん》▲は、陳永華と、その娘婿鄭克𡒉が台湾で権力を誇っているのをきらっていた。鄭経の死後しばらくして陳永華も死去した。また、鄭克𡒉が祖父鄭成功に似て果断であったため、鄭氏の人々にかならずしも好意的に受け入れられていないのをみて、馮錫範は劉国軒とはかり、祖母董氏に進言して鄭克𡒉の監国の印を取り上げさせ、彼を自殺に追い込んだ(一説には殺されたともいわれている)。彼の妻陳氏はすでに身ごもっていたが、絶食して殉死している。

　このクーデタにより、鄭克𡒉の弟の鄭克塽《ていこくそう》があとを継ぐこととなった。彼は、幼名を「秦《しん》」といい、「秦舎《しんしゃ》」と呼ばれていた。成人してからは字を実弘とし、晦堂と号している。馮錫範の娘と結婚した。つまり、このクーデタは、死してもなお残る陳永華の勢力を馮錫範が追いはらったものといえよう。このとき、延平郡王となった鄭克塽は、わずかに一二歳であった。実権を握っていた董氏も一六八一年六月になくなると、鄭氏政権の実権は、馮錫範と劉国軒の手に落ちてしまった。

▼**馮錫範**(生没年不詳)　福建省漳州府龍渓県出身。父馮澄世は鄭成功の工官であった。馮氏父子は鄭成功の反清活動に身を投じ、鄭軍に従って福建省南部を十数年転戦している。鄭成功の死後も、馮錫範は随進侍衛に命じられていることから、かなりの信頼をえていたことがわかる。鄭経の次男鄭克塽には馮錫範の娘を娶らせている。しかし、鄭経が外征中に台湾の内政を担っていた鄭克𡒉をきらっており、これが、クーデタを起こした要因と考えられている。

澎湖の戦い

鄭氏政権が滅びることになった戦いは、澎湖の戦い(澎湖海戦)としても知られている。この戦いは、一六八三年におこなわれたが、それにいたるまでの清の準備は大変なものであった。もともと、水上の戦いに慣れていない満洲族は、一六七七年に福建水師の体制を回復し、二年後にその責任者として、湖南岳州水師の万正色《まんせいしき》を福建水師提督に任命した。この年の年末、福建水師は戦船二四〇隻、兵員二万八五八〇人になった。一六八〇年、鄭経は清との戦いが不利になったので、廈門・金門を放棄して台湾に退去した。福建総督の姚啓聖《ようせいけい》(一六二四〜八三)はこの機をとらえて台湾に進攻しようと提案したが、福建水師提督の万正色は反対していた。またほかの大臣も出兵に反対し、康熙帝も呉三桂の孫の呉世璠の反乱の件が片付いていなかったので、台湾問題は時間をかけて解決することと決定した。

一六八一年、鄭経死後の後継者争いにより、鄭氏政権の間で動揺が起き、傅《ふ》為霖《いりん》(生没年不詳)のように、清に内応を申し出る者までいたのである。姚啓聖はこれを台湾進攻の好機ととらえたが、万正色はやはり出兵に反対した。そこで姚啓聖は、かつて家族を鄭成功に処刑された施琅が鄭氏王朝を恨んでいるのを知って、かならずや鄭軍を攻撃するのを助けてくれるだろうと考え、康熙帝に彼を推薦した。康熙帝は万正色の慎重な態度に不満をもっており、施琅を水師提督に、万正色を陸師提督に就任させた。

一六八〇年、鄭経が台湾に退去したのち、澎湖島が前線基地となったが、その防御は完全ではなかった。施琅が厦門に到着したとき、傅為霖が清につうじていることが鄭氏政権に露見したため、劉国軒は澎湖島に赴き防衛を強化した。娘媽宮《じょうまきゅう》・風櫃尾《ふうきび》・四角嶼《しかくしょ》、雞籠嶼《けいりゅうしょ》に城を築き、東蒔《とうし》・西蒔《せいし》・内塹《ないざん》・外塹《がいざん》・西《せい》嶼頭《しょとう》・牛心山《ぎゅうしんさん》に砲台を設置した。同時に海岸線に防衛設備を構築し、鉄砲を配置して、清軍の上陸に備えさせた。

一六八三年、劉国軒は施琅が進攻準備をしていることを知り、台湾本土で調練した兵隊を澎湖島に配置させた。さらに、商船および個人の船を戦闘に使えるようにして、決戦の準備をしたのである。七月八日、施琅は銅山島から出発し、姚啓聖はまた、三〇〇〇人を施琅とともに出兵させた。翌日、鄭軍の哨戒船は、清軍がすでに花嶼《かしょ》・貓嶼《びょうしょ》一帯に到着しているのを発見し、すぐ劉国軒に報告した。その日の夜、清軍は八罩島《はちとうとう》(現在の福建省漳州市望安島)で夜を過ごした。

十日、施琅は、速度のある鳥船を先鋒として、娘媽宮に進攻した。劉国軒は、林陞《りんしょう》・江勝《こうしょう》に水軍の指揮をまかせた。邱輝《きゅうき》が先鋒となり、自身は娘媽宮の港口で作戦を指揮した。清軍は向かい風で前進が難しく、藍理《らんり》が先頭となって七隻の艦隊が鄭軍に突入しただけであった。

施琅は、第二次鳥船部隊を前進させた。しばらくして満潮になり、一部の清軍の船は岸辺に押しやられた。鄭軍は勢いに乗り、鶴翼《かくよく》の陣形で清軍を包囲してきた。施琅は、この状況をみて鄭軍に突入し、包囲を抜けようとしたが、林陞の部隊に囲まれてしまった。施琅は交戦中に右目を鉄砲で撃たれたが、幸いにも失明にはいたらなかった。林陞も大砲が左太腿に当たって負傷し、指揮が執れなくなった。鄭軍の指揮者が不在になった機会に乗じ、施琅は戦場を離脱し、西嶼付近の海上で休息をとることができた。

十一日、施琅は八罩島に引き返した。この島の地形は険阻で、船舶が暴風雨に遭えば容易に座礁する場所であった。また台風が発生しやすい時期であったが、清軍は幸いにも台風には遭わずにすんだ。劉国軒は清軍が八罩島で休息をとっているのを知り、自ら部隊を率いて進攻したが、施琅によって撃退されてしまった。施琅は勢いに乗り、翌十二日、さきに戦船を澎湖島港の外にある虎《こ》井嶼《せいしょ》・桶盤嶼《とうばんしょ》に派遣した。

十六日の朝七時、施琅は総攻撃を決定し、艦隊を三路に分けて進攻させた。さらに八〇隻を後衛部隊とした。夜明け前、台風の影響を受け、海上には西北の風が吹いていた。鄭軍はこの順風に乗って進攻し、一時は優勢になった。清軍は朱天貴を砲撃によって失っている。昼になると、海上に南風が吹き出した。この風は清軍に有利となった。施琅は、全軍に攻撃を命じ、風に乗り各種火器を発射させ、数隻で鄭軍の一隻を囲ませたので、鄭軍は全面崩壊した。江勝は戦死し、邱輝は自ら火中に身を投じた。鄭軍の死傷者は一万二〇〇〇人に達し、五〇〇〇人が捕虜となった。破壊し、捕獲した船は一九〇隻余にのぼった。劉国軒は大勢がすでに決したことを知り、残余の部隊を率いて台湾に退去した。澎湖島各島に残った鄭軍は施琅に投降した。清軍の戦死者は三二九人、戦傷者は、一八〇〇人余であった。

台湾水道が非常に険阻であることを考慮して、施琅は台湾への進攻を急がないこととし、人心を掌握し、鄭氏王朝が内部から崩壊させることにした。施琅は澎湖島での殺戮を禁止し、人々を安心させるために、「安撫輸誠示《あんぶゆせいじ》」を発布した。劉国軒の副将であった曾蜚《そうひ》を台湾に赴かせ、捕虜で負傷した者には手当てし、衣服・食糧を与えて台湾に返した。この扱いにより鄭軍の将領たちを清軍に内応させた。淡水を守備する何佑は真っ先に施琅に内通し、他の将軍たちもそれに従った。

鄭軍が破れたとの連絡が台湾に届くと、鄭氏政権の人心は動揺した。政権の延命をはかるためにフィリピンに進攻しようといい出す将軍もおり、馮錫範の同意もえられた。これは実際に遠征に赴くのではなく、海外に逃亡するためのものだったので、劉国軒がこの計画を阻止した。

九月三日、施琅は台湾に上陸した。劉国軒の主張に従い、翌々日、鄭克塽は施琅に投降したのである。十月八日には辮髪となり、清朝の服装に替えた。ここに鄭氏王朝は正式に滅亡した。その後、鄭克塽は北京に赴き、漢軍正紅旗《せいこうき》に組み入れられ、海澄公▲に封じられた。一七一七年、鄭克塽は病没している。爵

▼**海澄公**　『清史稿』では、「漢軍公」とあるが、「諸臣封爵世表」では「海澄公」としてあり、これが正しい。

位を継ぐ者はいなかった。

政権を担った馮錫範は、清に帰順すると「忠誠伯」の位を授かっている。一方、劉国軒は「天津総兵」の位を授かり、漢軍八旗とされ、家族とともに北京に赴いている。一六九三年、劉国軒は六五歳で世を去った。清は死後、「太子少保」の位を追贈している。

鄭克塽が投降したのち、清は台湾を領土にいれるかどうかで議論となった。多くの大臣は台湾が海外にあり、統治・防衛するには費用がかかりすぎることから放棄することを主張した。しかし施琅が台湾の重要性を指摘したのを受けて、清の版図にいれることとなり、福建省の統治下に一府三県(台湾府、台南県、高雄《たかお》県、嘉義《かぎ》県)を設置したのである。

⑤—鄭成功の評価

康熙帝の評価

一五六七年、明の海禁令が解除されると、「倭寇」と目されていた華人商人が公然と海外貿易にたずさわることができるようになった。この背景には江南地域の経済発展がある。この華人商人たちは、血縁共同体・地域共同体を中心にネットワークを維持し、時に連合し、時に対立してきた。

このような状況下で平戸に拠点をおいた李旦・顔思斉のグループに、鄭芝龍が参加してきたのである。鄭芝龍がこの集団のリーダーになると、しだいに勢力を伸ばし、明の役職を手に入れるまでになった。さらに明清交替の混乱期に南安伯に封じられると、福建を中心とする勢力のなかでは最大といってもよい勢力になったのである。

鄭芝龍自身は、清にすぐ降伏したところからみても、とくに明に大義を感じていたとは思われず、自分の勢力を保持し、利益をえられればよいと考えていたと思われる。それに対し、息子の鄭成功は、国姓爺の称号を賜ったこともあるだろうが、明に対する忠義を貫いた。息子の鄭経も同様であった。そのため敵対した清の康熙帝も、「朱成功明室遺臣、非吾之亂臣賊子」といってたたえている。

さらに、聯《れん》に

四鎮多く二心あり、両島に師を屯し、敢えて東南に向かいて、半壁を争う
諸王に寸土も無くも、一隅にて抗うの志、方に海外に孤忠有と知らる
（多くの武将に二心あったが、二つの島に軍を構え、あえて東南に向かって、領土を争った。諸王に領土は無かったが、一地方で反抗を続け、海外にまでその忠義が知られた。）

と記したのである。

明清交代期においては、呉三桂などにみられるように、一つの王朝に忠義をつくす者ばかりではなかった。しかし、鄭氏政権は、鄭成功以降、鄭経・鄭克壓・鄭克塽にいたるまで、永暦の年号を用い、明に最後まで忠義をつくしている。それだけに、朱子学を奉ずる康熙帝の目には彼らは立派な忠臣に映ったのであろう。

民間伝承における鄭成功

中国には多くの秘密結社があり、なかでも天地会、洪門は有名である。この結社の伝承には、鄭成功がこの組織をつくったとしている。その伝承によると、「反清復明」を目的とし、「天を父、地を母」と考え、そこから「天地会」と名づけたとされている。また、この組織は「添弟会」とも呼ばれていた。というのも、両方とも発音が同じだからである。また、「洪門」の名前は、明の太祖である洪武帝の年号から名づけたとしている。

台湾を占拠した鄭成功は台南に金台山明遠堂を創立し、「山主」となり、ここに天地会を開いたとされている。しかし、鄭成功はすぐになくなり、あとを継いだのが鄭経の参謀である陳永華で、彼は四川の精忠山に支部を開設し、さらに福建・貴州・雲南に支部をつくったとされている。また、洪門は、福建少林寺からつくられたとの伝承もあり、伝承に登場する陳近南という人物は、陳永華の別名とも考えられている。

こうした伝承が根強く残るのも、鄭成功その人の一貫した反清復明の活動と、その忠義心によるものだろう。さらに、陳永華が評価されるのも、台湾において多大な功績をあげたからと考えられる。

台湾では十八世紀に朱一貴《しゅいっき》の乱▲（一七二一年）と林爽文《りんそうぶん》の乱▲（一七八七年）が起きたが、とくに後者は天地会の反乱として有名であり、清を相手に戦うということで鄭成功と関連づけられ、天地会は鄭成功によってつくられたとの伝承になったようである。また鄭経が漳州を攻めたとき、短時間で占領できたのも、漳州にいた天地会のメンバーがこれを助けたからだとの説がある。

現在洪門は、いわゆる秘密組織ではなくなり、多くの人々が加入する相互扶助の集まりとなっているが、この始祖伝説は代々伝えられてきている。そのため、鄭成功は高く顕彰され、また、陳永華も顕彰されているのである。

現在の研究では、実際に洪門が組織されたのは十七世紀ではなく十八世紀であり、「反清復明」の語が使われはじめるのも十八世紀後半であり、鄭成功がこの組織をつくったとは考えられていない。しかし、鄭氏五商のように、貿易をおこなうためのつながりはあったため、それが、秘密組織扱いされた可能性はありうる。

洪門の伝承によれば、天地会は清代、多くの別名の秘密組織をもっており、

▼朱一貴の乱　福建省漳州府出身で、台湾で生計を立てていた朱一貴によって起こされた反乱で、清からの独立をめざしていた。清朝統治時代の台湾三大反乱の一つ。朱一貴は反乱に失敗し投降したのち、一七二二年、北京で死刑に処せられた。

▼林爽文の乱　天地会に所属する林爽文によって起こされた、秘密結社取り締まりに対する反乱で、清朝統治時代の台湾三大反乱の一つ。一時期台湾全土を手中におさめたが、一七八八年に清によって討伐され、林爽文は死刑に処せられた。

清末にあらわれた欧渠甲《おうくこう》、陶成章《とうせいしょう》、章炳麟《しょうへいりん》などの革命党の人々は公に天地会の創始者は鄭成功だといい出した、とされている。辛亥革命後、天地会の秘密任務は人々の知るところとなり、そのような任務をおこなったとされる陳永華の天地会内部での地位が高くなったのである。これにより、今にいたるまで、洪門は陳永華の誕生日に祭りをおこなっているのである。

近代になると、鄭成功が台湾からオランダ勢力を駆逐したことから、反植民地の象徴として鄭成功を評価するようになっている。

また、台湾で大衆魚として古くから親しまれている「サバヒー」（虱目魚《しつもくぎょ》、Chanos chanos）という魚がある。この魚の名前「サバヒー」は、「虱目魚」の閩南音「Sat-bak-hi」であるが、一説には、鄭成功がこの魚を口にしたとき、大変おいしかったので「什麼魚（Shem ma Yu?）」とたずねたのを、現地の人が「虱目魚（sat bak hi）」と聞き間違えたのが名前の由来であるといわれている。そのために、「国姓魚」▲とも呼ばれているのである。

▼**「国姓魚」**　ほかにも「安平魚」（台南市の安平港に由来）、「麻虱目」「海草魚」とも呼ばれている。英語では「Milkfish」という。

日本における評価

鄭成功の活躍は、日本でも大きな関心をもたれていた。一七一五(正徳五)年に、大阪の竹本座で近松門左衛門による人形浄瑠璃「国性爺合戦」が上演されている。▲これは、鄭成功をモデルにした全五段の話であり、大評判となり、一七カ月続演という記録をつくった。のちに歌舞伎化され、また、浮世草子にもなっている。

この作品の主人公の名前は「和藤内《わとうない》」であるが、これは、「和(日本)でも藤(唐)でも内(ない)」との洒落からきたものである。この話が日本で評判となっていた証拠の一つに、「虎拳」というお座敷の遊びがある。これは、虎・老婆・和藤内が三すくみのじゃんけんで、虎は老婆に勝ち、老婆は和藤内に勝ち、和藤内は虎に勝つという、国性爺合戦の場面からとられたものである。

鄭成功の生まれた平戸では、松浦家第三五代熙《ひろむ》(一七九一～一八六七)が、鄭成功をたたえるための文章を京都の儒学者、朝川善庵《あさかわぜんあん》(一七八一～一八四九)に依頼し、「鄭将軍成功伝」を作成させている。全文が五〇〇〇字ほどもあったため、石碑に彫れず、のちに平戸藩家臣の葉山高行《はやまたかゆき》▲が字数を減らし、一八五二

▼**「国性爺」**　題名が「国姓爺」ではなく、「国性爺」となっているのは、実際の鄭成功に遠慮して文字を変えたとの説もある。しかし、近松がこの戯曲を書くのに利用したとされる錦文流の浄瑠璃の題名は『国仙野手柄日記』であり、当時はあまり漢字にはこだわっていなかったと思われる。

▼**葉山高行**(一七九六～一八六四)　鎧軒《がいけん》と号する。平戸の藩士であるが、平戸に遊学した吉田松陰を教えている。

年にやっと碑文が完成した。現在でも「鄭延平王慶誕芳跡」として、平戸の名所の一つになっている。

幕末になると、志士の一人であり、吉田松陰との交流もあった日柳燕石《くさなぎえんせき》▲は、「皇国千字文」のなかで、

鄭森、台を襲い
蛟騰《みずちあが》り、蠑蟠《みずちわだか》まる

（鄭森〔鄭成功〕は、台湾を襲い、そのさまは蛇が飛び上がり、蠑がとぐろを巻くようである）

と、鄭成功のことを詠い、秀吉の朝鮮出兵時に明軍から「鬼石蔓子《おにしまづ》」と恐れられた島津義弘や、慶長遣欧使節を派遣した伊達政宗と並んで海外に飛躍する日本の英雄としてたたえている。

明治以降、日本が台湾を領有すると、その正統性を鄭成功に求めたことも確かである。

鄭成功自身は、かならずしも聖人君子ではなく、統率力に問題がなかったとはいえないが、忠義心に篤い人物であったことは、疑うまでもない。敵対する

▼**日柳燕石**（一八一七～六八）　讃岐の国の出身で、幼少から漢学を身につけ、勤皇家としても有名であった。高杉晋作をかくまったことから、身代わりとして四年にわたり獄につながれたこともあった。戊辰戦争（一八六八～六九）では朝廷軍に付き従い、越後まで赴いたが従軍中に病没した。

鄭延平王慶誕芳跡（長崎県平戸市）

清朝でさえも評価し、一般の人々からも高く評価されていた。だからこそ、現在でも英雄としてたたえられているのであろう。

この時代の海商は、自分の利益のためならば所属を変えることは当たり前だった。父の鄭芝龍も、「海賊」から招安を受けて明の役職をえて、さらに南明政権から高位をえながらも簡単に清に降伏している。最後まで筋をとおした鄭成功、鄭経はこの時代ではめずらしい存在といえよう。さらには南京まで攻め込み、台湾のオランダ勢力を駆逐した事実は、清朝・日本・中華民国・中華人民共和国すべてで、鄭成功が英雄とたたえられるに十分なことといえよう。

鄭成功とその時代

西暦	鄭芝龍	鄭成功	おもな事項
1604	0		鄭芝龍，誕生。オランダが福建に来航
1621	17		鄭芝龍，日本へ
1624	20	0	鄭成功，誕生
1625	21	1	李旦，顔思斉死去。鄭芝龍が首領に
1628	24	4	鄭芝龍が招安を受ける。タイオワン事件により日蘭交易停止（～32）
1629	25	5	鄭芝龍，李魁奇や楊六・楊七を破る
1631	27	7	鄭成功，福建にいたる
1633	29	9	料羅湾の戦いが起きる
1635	31	11	鄭芝龍，鄭番を破る
1639	35	15	鄭成功，生員になる。日本の「鎖国」が完成する
1641	37	17	日本のオランダ商館が長崎出島に移転する
1642	38	18	鄭経，誕生
1643	39	19	鄭芝龍，福建都督になる。順治帝即位
1644	40	20	鄭芝龍，南安伯爵になる。崇禎帝自殺。明滅亡
1645	41	21	鄭成功，国姓爺になる。日本乞師をおこなう。
1646	42	22	鄭芝龍，清朝に降伏。永暦帝が即位する
1647	43	23	鄭成功，反清の軍を起こす
1650	46	26	鄭成功，叔父の鄭聯を殺し，本拠地を厦門に移す
1654	50	30	鄭芝龍，私書事件起こる
1656	52	32	鄭成功の武将黄悟が清に降伏する
1657	53	33	鄭成功，延平郡王になる
1658	54	34	鄭成功，北伐に乗り出す
1659	55	35	鄭成功，南京まで攻略するが大惨敗する。朱舜水，日本にいたる
1661	57	37	鄭成功，台湾攻略をおこなう。康熙帝即位。鄭芝龍，処刑される
1662		38	ゼーランディア城が陥落する。この年，鄭成功が死去
1663			鄭経，厦門を回復する。鄭成功の祖廟を建てる
1664			鄭経，台湾に退去する。陳永華，献策する
1673			三藩の乱が起きる
1674			鄭経，三藩の乱に協力する
1679			鄭克壓，台湾監国になる
1681			鄭経，死去。鄭克壓も殺され，鄭克塽が統治する
1683			施琅が台湾に侵攻し，鄭氏政権が滅びる。鄭氏一族は北京に

参考文献

漢籍

『清史稿』
『明史』
汪楫『崇禎長編』中央研究院歴史語言研究所，1967 年
王夫之『永暦實録』上海古籍出版社，1987 年
夏琳『閩海紀要』台湾銀行，1958 年
計六奇『明季南略』中華書局，1984 年
阮旻錫『海上見聞録』台湾銀行，1958 年
江日昇『臺灣外記』(『臺灣外誌』)上海古籍出版社，1992 年
谷應泰『明史紀事本末』中華書局，2015 年
左光斗「左忠毅公集」『乾坤正気集 574 巻——第 1-90 冊』
鄭亦鄒撰『鄭成功傳』1774 年
楊英『從征實録』(『先王實録』)台湾銀行，1958 年

日本語(研究書)

石原道博『国姓爺』(人物叢書)吉川弘文館，1986 年
石原道博『明末清初日本乞師の研究』富山房，1945 年
石原道博『朱舜水』(人物叢書)吉川弘文館，1989 年
岸本美緒・宮崎博史『世界の歴史 12 ——明清と李朝の時代』中央公論社，1998 年
田中健夫『倭寇——海の歴史』(講談社学術文庫)講談社，2012 年
田中健夫『増補 倭寇と勘合貿易』(ちくま学芸文庫)筑摩書房，2012 年
鄭梁生『明代の倭寇』汲古書院，2013 年
羽田正『東インド会社とアジアの海』(興亡の世界史 15)講談社，2007 年
林田芳雄『鄭氏台湾史——鄭成功三代の興亡実紀』汲古書院，2003 年
林田芳雄『蘭領台湾史——オランダ治下 38 年の実情』汲古書院，2010 年
松浦章『中国の海賊』東方書店，1995 年
松丸道雄・池田温・斯波義信・神田信夫・濱下武志編『中国史 4 ——明～清』(世界歴史大系)山川出版社，1999 年

日本語(一般書)

安部英樹『洪門人による洪門正史——歴史・精神・儀式と組織』雅舎，2007 年
河村哲夫『龍王の海——国姓爺・鄭成功』海鳥社，2007-10 年
齊藤孝治『秘話 鄭成功異聞』いなほ書房，2013 年
寺尾善雄『明末の風雲児——鄭成功』東方書店，1986 年
福住信邦『新国姓爺合戦物語り』(全 3 巻)講談社出版サービスセンター，1988-92年
宮崎繁吉『鄭成功』大學館，1903 年
村上直次郎訳注，中村孝志校注『バタヴィア城日誌』(全 3 巻)平凡社，1970 年
森本繁『台湾の開祖 国姓爺鄭成功』国書刊行会，2014 年
山田賢『中国の秘密結社』(講談社選書メチエ)講談社，1998 年

中国語

何世忠・謝進炎編著『鄭成功傳奇性的一生』安平開臺天后宮，2013 年
黄典權『鄭成功史事研究』臺灣商務印書館，1975 年
呉正龍『鄭成功與清政府間的談判』文津出版，2000 年

泉州市鄭成功学術研究会編『鄭成功研究』中国社会科学出版社，1999年
鄭廣南『中国海盜史』華東理工大学出版社，1998年
程紹剛訳注『荷蘭人在福爾摩莎 De VOC en Formosa 1624-1662』臺灣研究叢刊 聯經出版事業公司，2000年
傅朝卿・詹伯望『圖説 鄭成功與台灣文化』台灣建築與文化資産出版社，2006年

欧文
De dagregisters van het kasteel Zeelandia, Taiwan 1629-1662（『ゼーランディア城日誌』）
C.E.S, *'t Verwaerloosde Formosa*（『閑却されし台湾』，p48 参照）

図版出典一覧

著者提供　カバー裏, 扉, *1*, *23*, *38* 右, *38* 左, *43*, *48*, *51*, *57* 上, *57* 下, *60*, *66*, *86*

ユニフォトプレス提供　カバー表

奈良修一(なら　しゅういち)
1961年生まれ
慶應義塾大学大学院修士課程修了
専攻，明清外交史
現在，中央大学非常勤講師，公益財団法人中村元東方研究所専任研究員

主要著書・訳書

「明末福建省の高寀に対する民変について」(明代史研究会編『山根幸夫教授退休記念明代史論叢』汲古書院　1990)
「17世紀中国における生糸生産と日本への輸出」(和田博徳教授古稀記念編集委員会編『和田博徳教授古稀記念論集』汲古書院　1993)
「オランダ東インド会社——近代への布石」(『駒沢史学』第64号　2005)

世界史リブレット人㊷
鄭成功《ていせいこう》
南海《なんかい》を支配《しはい》した一族《いちぞく》

2016年8月20日　1版1刷発行
2024年3月31日　1版2刷発行

著者：奈良《なら》 修一《しゅういち》

発行者：野澤武史

装幀者：菊地信義

発行所：株式会社 山川出版社

〒101-0047　東京都千代田区内神田1-13-13
電話　03-3293-8131(営業) 8134(編集)
https://www.yamakawa.co.jp/

印刷所：株式会社 明祥

製本所：株式会社 ブロケード

 ISBN978-4-634-35042-7

世界史リブレット 人

1 ハンムラビ王 ── 中田一郎
2 ラメセス2世 ── 高宮いづみ・河合 望
3 ネブカドネザル2世 ── 山田重郎
4 ペリクレス ── 前沢伸行
5 アレクサンドロス大王 ── 澤田典子
6 古代ギリシアの思想家たち ── 高畠純夫
7 カエサル ── 毛利 晶
8 ユリアヌス ── 南川高志
9 ユスティニアヌス大帝 ── 大月康弘
10 孔子 ── 高木智見
11 商鞅 ── 太田幸男
12 武帝 ── 冨田健之
13 光武帝 ── 小嶋茂稔
14 冒頓単于 ── 沢田 勲
15 曹操 ── 石井 仁
16 孝文帝 ── 佐川英治
17 柳宗元 ── 戸崎哲彦
18 安禄山 ── 森部 豊
19 アリー ── 森本一夫
20 マンスール ── 高野太輔
21 アブド・アッラフマーン1世 ── 佐藤健太郎
22 ニザーム・アルムルク ── 井谷鋼造
23 ラシード・アッディーン ── 渡部良子
24 サラディン ── 松田俊道
25 ガザーリー ── 青柳かおる
26 イブン・ハルドゥーン ── 吉村武典
27 レオ・アフリカヌス ── 堀井 優
28 イブン・ジュバイルとイブン・バットゥータ ── 家島彦一
29 カール大帝 ── 佐藤彰一
30 ノルマンディー公ウィリアム ── 有光秀行
31 ウルバヌス2世と十字軍 ── 池谷文夫
32 ジャンヌ・ダルクと百年戦争 ── 加藤 玄
33 王安石 ── 小林義廣
34 クビライ・カン ── 堤 一昭
35 マルコ・ポーロ ── 海老澤哲雄
36 ティムール ── 久保一之
37 李成桂 ── 桑野栄治
38 永楽帝 ── 荷見守義
39 アルタン ── 井上 治
40 ホンタイジ ── 楠木賢道
41 李自成 ── 佐藤文俊
42 鄭成功 ── 奈良修一
43 康熙帝 ── 岸本美緒
44 スレイマン1世 ── 林佳世子
45 アッバース1世 ── 前田弘毅
46 バーブル ── 間野英二
47 大航海時代の群像 ── 合田昌史
48 コルテスとピサロ ── 安村直己
49 マキァヴェッリ ── 北田葉子
50 ルター ── 森田安一
51 エリザベス女王 ── 青木道彦
52 フェリペ2世 ── 立石博高
53 クロムウェル ── 小泉 徹
54 ルイ14世とリシュリュー ── 林田伸一
55 フリードリヒ大王 ── 屋敷二郎
56 マリア・テレジアとヨーゼフ2世 ── 稲野 強
57 ピョートル大帝 ── 土肥恒之
58 コシューシコ ── 小山 哲
59 ワットとスティーヴンソン ── 大野 誠
60 ワシントン ── 中野勝郎
61 ロベスピエール ── 松浦義弘
62 ナポレオン ── 上垣 豊
63 ヴィクトリア女王、ディズレーリ、グラッドストン ── 勝田俊輔
64 ガリバルディ ── 北村暁夫
65 ビスマルク ── 大内宏一
66 リンカン ── 岡山 裕
67 ムハンマド・アリー ── 加藤 博
68 ラッフルズ ── 坪井祐司
69 チュラロンコン ── 小泉順子
70 魏源と林則徐 ── 大谷敏夫
71 曽国藩 ── 清水 稔
72 金玉均 ── 原田 環
73 レーニン ── 和田春樹
74 ウィルソン ── 長沼秀世
75 ビリャとサパタ ── 国本伊代
76 西太后 ── 深澤秀男
77 梁啓超 ── 高柳信夫
78 袁世凱 ── 田中比呂志
79 宋慶齢 ── 石川照子
80 近代中央アジアの群像 ── 小松久男
81 ファン・ボイ・チャウ ── 今井昭夫
82 ホセ・リサール ── 内山史子
83 アフガーニー ── 小杉 泰
84 ムハンマド・アブドゥフ ── 松本 弘
85 イブン・アブドゥル・ワッハーブとイブン・サウード ── 保坂修司
86 ケマル・アタテュルク ── 設樂國廣
87 ローザ・ルクセンブルク ── 姫岡とし子
88 ムッソリーニ ── 高橋 進
89 スターリン ── 中嶋 毅
90 陳独秀 ── 長堀祐造
91 ガンディー ── 井坂理穂
92 スカルノ ── 鈴木恒之
93 フランクリン・ローズヴェルト ── 久保文明
94 汪兆銘 ── 劉 傑
95 ヒトラー ── 木村靖二
96 ド・ゴール ── 渡辺和行
97 チャーチル ── 木畑洋一
98 ナセル ── 池田美佐子
99 ンクルマ ── 砂野幸稔
100 ホメイニー ── 富田健次

〈シロヌキ数字は既刊〉